Joias

fundamentos, processos e técnicas

Dados Internacionais de Catalogação na Publicação (CIP)

(Jeane Passos de Souza - CRB 8ª/6189)

Santos, Rita

    Joias: fundamentos, processos e técnicas / Rita Santos. –
São Paulo : Editora Senac São Paulo, 2017.

    Bibliografia.
    ISBN 978-85-396-1296-3

    1. Joia 2. Joalheria 3. Confecção de joia I. Título.

17-573   CDD – 391.7
                                BISAC CKB086000

Índice para catálogo sistemático:

1. Joias : Aparência pessoal   391.7

Joias

fundamentos, processos e técnicas

RITA SANTOS

Editora Senac São Paulo

São Paulo – 2017

Nota do editor

Há milhares de anos a joia ocupa lugar de destaque no imaginário individual e coletivo, ícone de riqueza e status, expressão artística e símbolo de uniões e homenagens. Mas do ponto de vista profissional, a joia representa um mercado de trabalho vigoroso e mobiliza uma grande cadeia produtiva de fornecedores de matérias-primas, designers e vendedores.

Neste livro, a designer e professora de joalheria, Rita Santos, apresenta as diversas etapas de confecção, desenvolvimento e reprodução de peças, demonstrando processos gerais e técnicas específicas, além de informações sobre gemas, metais e ligas, ferramentas e equipamentos indispensáveis para o trabalho do joalheiro. Para isso, a autora contou com a colaboração de diversos consultores e especialistas da área.

Este é um livro exemplar para quem tem interesse em se dedicar à joalheria autoral e para todos que desejam se aperfeiçoar ou simplesmente conhecer melhor esse universo fascinante. Todo o conteúdo está apoiado em fotos especialmente produzidas para o livro, que traz ainda um vídeo exclusivo com diversos processos para a confecção de joias no link **https://youtu.be/_ulA1ftyAp8**.

Com esta publicação, o Senac São Paulo espera contribuir para a formação de profissionais de joalheria e o fortalecimento dessa importante área do design.

Agradecimentos

Gostaria de agradecer a minha família pelo carinho e apoio.

Aos meus alunos, ex-alunos, parceiros e amigos designers, que, de alguma forma, colaboraram na realização desta obra.

Um agradecimento especial a Marília Pessoa, que foi a mentora, incentivadora e que tornou viável a realização deste projeto.

Este livro não poderia ser realizado sem a contribuição de:

- 56 Ferramentas (Ferramentas e Equipamentos);
- Angela Prendini e Arthur Xaud (Ourivesaria);
- Art'Lev (Prototipagem Rápida e Fundição a Cera Perdida);
- Carmen Lombardi (Esmaltação a Fogo);
- Espaço Rita Santos (Regina Costa, Carolina Villela e Thelma Maciel);
- Gemas da Terra e Arco Baleno (Gemas);
- Guilherme Vianna (Cravação);
- João Carlos do Carmo (Modelagem em Cera);
- Priscilla Maranhão (Gemologia);
- Sesc e Senac (Produção);
- Vanessa Alcântara e Bill (Acabamentos e Banhos).

Introdução............................ 10

O universo da joalheria...... 12

Cadeia produtiva da joalheria **14**

Metais e ligas **17**

Principais propriedades e características

dos metais 20

Metais nobres 24

Metais não nobres 28

Ligas 31

Soldas 37

Gemas e lapidação **38**

O que são gemas, material ornamental,

minerais, rochas, minérios e cristais? 38

Sistemas de cristalização 39

Propriedades físicas dos minerais 40

Luz nas gemas 42

Tipos de gemas 45

    Gemas naturais inorgânicas

    (origem mineral) 45

    Gemas naturais orgânicas 63

    Gemas sintéticas 66

    Gemas artificiais 66

    Gemas compostas 66

    Gemas revestidas 66

    Gemas reconstituídas 67

Lapidação 67

Materiais alternativos **69**

Ferramentas e equipamentos **72**

Instrumentos de medição 85

Outras ferramentas e equipamentos 88

Ferramentas utilizadas

para a cravação e gravação 91

Ferramentas para modelagem

em cera 94

Produtos químicos **98**

Principais ácidos 98

Principais bases 100

Principais sais 100

Processos de criação, desenvolvimento e reprodução 102

Criação **104**

Desenvolvimento da joia **106**

Ourivesaria 106

    Refinar 107

    Fundir 108

    Recozer 111

    Laminar 112

    Trefilar 115

    Serrar 117

    Limar 120

    Modelar 122

    Soldar 125

    Decapar 133

    Lixar 134

    Polir 136

Outros processos 140

    Texturas 140

    Casamento de metais 142

    Mokumê gane 144

    Keum-Boo 144

    Forja 145

    Cinzelagem 145

    Gravura com ácidos 146

Modelagem em cera 146

    Preparar a cera 147

    Desenhar o modelo 148

    Marcar as linhas e desenhos 150

    Serrar 150

    Limar 152

    Modelar e esculpir 154

    Soldar e enxertar 156

    Desbastar 157

    Dar acabamento 159

Prototipagem rápida 161

    Modelo 3D 162

    Métodos de impressão 3D 162

Reprodução da joia **166**

Fundição por cera perdida 166

    Modelo... 167

    Dutos de alimentação........................ 167

    Molde.. 168

    Injeção de cera.................................. 171

    Árvore de cera 173

    Cilindro... 175

    Revestimento 176

    Deceração e ciclo de calcinação 177

    Fundição 179

    Limpeza da árvore de metal 180

Processos complementares **183**

Cravação 183

    Inglesa 187

    Cravação com garras 188

    Cravação pavê................................... 188

    Cravação de trilho ou carré............... 188

    Cravação por pressão ou tensão 188

Gravação 189

Acabamentos 189

    Polido, fosco, diamantado,

    jato de areia e oxidado...................... 189

    Banhos de prata, ouro e ródio 191

In lay 197

Esmaltação 197

Técnicas fundamentais... 200

Ourivesaria **202**

Aliança simples 202

Trabalho com serras e limas -

vazado e aplicação................................. 208

Meia bola, bola e pastilha 211

Elos 218

Virolas para cravação inglesa 220

Garras 228

Peça com bata.. 230

Charneira 235

Dobradiça 237

Peças ocas 241

Modelagem em cera **246**

Aliança simples 246

Anel quadrado/retangular 249

Anel redondo com pedra......................... 255

Anel bombe 259

Esculturas 262

Cravação **266**

Cravação inglesa na virola...................... 266

Cravação com garras 269

Cravação pavê 270

Cravação no trilho ou carré 271

Outras técnicas para fixar a pedra

nas joias... 273

Galeria 276

introdução

A história da joalheria sempre esteve ligada à história das civilizações. Desde a pré-história o homem utiliza adornos, seja com a função de se enfeitar ou em um contexto social, político e cultural. A princípio, os adornos eram feitos com materiais encontrados na natureza – conchas e dentes de animais, por exemplo.

Com a descoberta dos metais, o ferro, o bronze, o cobre, o ouro e a prata passaram a ser utilizados na fabricação desses adornos. E, no decorrer da história, o uso de metais e pedras mais raras serviu para diferenciar os grupos sociais. Assim, os adornos feitos com determinados metais e pedras chamadas de preciosas passaram a ser conhecidos como *Joias*, um símbolo de riqueza, status e prosperidade. Se antes esse era um processo exclusivamente artesanal, com o aparecimento e desenvolvimento da indústria, a joia passou também a se beneficiar dos avanços tecnológicos.

A história da arte e suas expressões artísticas – renascimento, barroco, arte gótica, neoclássico, art nouveau e art déco, entre outros – sempre influenciaram diretamente a joalheria, em especial as formas e os materiais. Os tipos de adornos e a matéria-prima usada eram, em geral, criados de acordo com a indumentária de cada época e da cultura local.

Os processos da ourivesaria, modelagem em cera, fundição, lapidação de gemas e cravação se aprimoraram e surgiram outras tecnologias para facilitá-los. Novas máquinas e ferramentas foram criadas, novas lapidações para realçar mais o brilho das gemas foram desenvolvidas, além de lapidações livres e diferenciadas que começaram a fazer parte do design da peça. O aparecimento da prototipagem, bem como o uso do laser para soldagem, gravação e corte trouxeram facilidades nos processos de confecção de joias.

A joia, em toda a sua trajetória, sempre foi uma expressão de arte, e a arte nada mais é do que uma forma de mostrar nossos sentimentos, emoções e pensamentos. Apesar de ter como principal função adornar, a joia traz outros valores. Ela conta uma história, marca um momento.

O ensino de Joalheria no Brasil vem passando por transformações significativas, com aumento de interessados na área. Até bem pouco tempo, os conhecimentos sobre joalheria eram passados de pai para filho; os demais interessados tinham dificuldade em obter informações a respeito desse ofício. Hoje, entretanto, há uma oferta variada de cursos livres, escolas profissionalizantes, cursos de graduação e pós-graduação, e ampliou-se o acesso a livros e sites especializados, o que se reflete na criatividade, no aprimoramento das técnicas e nos cuidados com a segurança do trabalho.

Esse desenvolvimento da área abriu caminhos para a especialização, permitindo ao profissional traçar seu próprio caminho. Seja designer, ourives, modelista, desenhista cadista, fundidor, lapidador, cravador, gravador, gemólogo, profissional da indústria, do comércio e, ainda, o joalheiro autoral, todos são protagonistas dessa arte.

Na joalheria autoral o artista está envolvido em todo o processo de confecção de uma joia, desde a concepção até o acabamento final, produzindo modelos únicos ou em séries limitadas. As formas são livres e cada joia é uma obra de arte que revela com clareza o estilo de seu mentor. O artista cria com base em pesquisas de formas, materiais e técnicas, principalmente a partir do contato direto com o material, sempre em sintonia com o conceito de cada peça ou coleção. O uso de materiais alternativos, de gemas brutas, lapidações diferenciadas, mistura de metais traz para a joalheria modernidade e uma riqueza de possibilidades. A joalheria autoral é um processo que exige não só o conhecimento dos metais e das técnicas, mas criatividade, paciência e habilidade.

Este livro tem como objetivo fundamental ensinar os passos básicos da confecção de joias. Para facilitar o entendimento, o conteúdo foi organizado em quatro partes. A primeira apresenta o universo da joalheria, sua cadeia produtiva, os metais e ligas, produtos químicos, ferramentas e gemas que são insumos fundamentais na confecção das peças. Na segunda, são detalhados os processos que envolvem a criação, confecção, reprodução e os acabamentos de uma joia. A terceira parte traz a demonstração das principais técnicas de confecção de diversos tipos de joias e a quarta – e última – parte apresenta depoimentos de joalheiros autorais e fotos de peças de designers, incluindo alunos, ex-alunos e professores da Escola de Joalheria – Espaço Rita Santos.

É importante destacar que as técnicas aqui apresentadas não são únicas e tampouco têm a pretensão de ser as melhores. Foram escolhidas com base na experiência dos profissionais e empresas especializadas que contribuíram com as informações que fazem parte deste livro.

Para enriquecer ainda mais o aprendizado, um DVD acompanha o livro com a demonstração dos principais processos de ourivesaria, modelagem em cera, prototipagem, fundição por cera perdida, cravação, gravação e acabamentos utilizados na confecção de diversos tipos de joias.

o universo
da joalheria

Atualmente, empresas, empreendedores individuais, especialistas, matérias-primas, máquinas, ferramentas, demais insumos e processos e técnicas englobam o universo da joalheria e interagem com o propósito de criar, produzir e comercializar o produto joia. Com o passar do tempo, novas ferramentas e técnicas surgiram, profissionais se especializaram em áreas específicas de criação e produção, e isso foi possível principalmente com o surgimento de cursos livres, cursos de graduação e pós Graduação na área. Todo o segmento da joalheria evoluiu, resultando na criação de joias com maior eficiência, criatividade e qualidade. Nesse mercado, existem empresas nas áreas de serviços, indústria e comércio, além de empreendedores individuais, que atuam muitas vezes de maneira informal. Há também órgãos dos governos federal, estadual e municipal, além das associações e entidades de classe, em apoio às atividades do setor.

Para que a joia possa ser criada, produzida e comercializada é necessário o envolvimento de uma cadeia produtiva. O entendimento tanto dessa cadeia como também de seus elos é de fundamental importância justamente para que o leitor possa se situar nesse universo e entender as áreas relacionadas. Posteriormente, serão apresentadas informações detalhadas a respeito dos insumos principais utilizados, tais como: metais, máquinas, equipamentos, ferramentas, gemas e materiais alternativos. Além desses, explicaremos os diversos processos para confecção e reprodução de joias, como a criação, ourivesaria, modelagem em cera, prototipagem, fundição por cera perdida, cravação e acabamentos; técnicas para confecção de diversos tipos de joias em ourivesaria, modelagem em cera e cravação de gemas. Esperamos, assim, atingir o objetivo principal deste livro, que é aprender a confeccionar joias.

Cadeia produtiva
da joalheria

Trata-se do conjunto de etapas executadas envolvendo fornecedores de matéria-prima, máquinas/ equipamentos e ferramentas, executores dos processos de fabricação e distribuidores do produto acabado. Ao longo desse processo, a matéria-prima é transformada no produto joia e, depois, distribuída ao consumidor final.

No diagrama a seguir, identificaremos tais etapas e os envolvidos nessa cadeia.

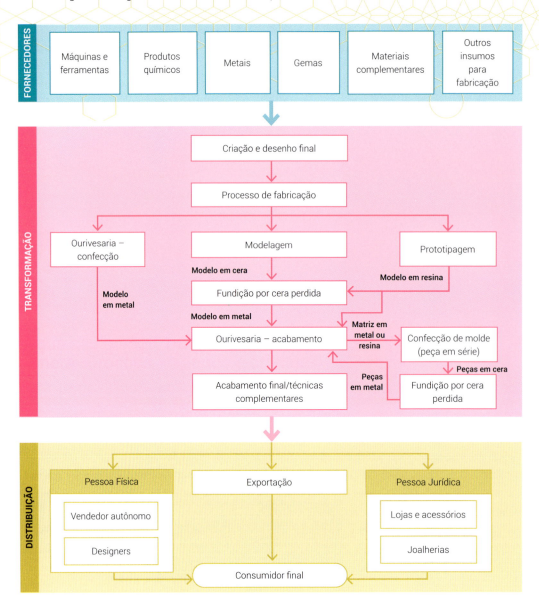

Fornecedores de insumos

São empresas ou empreendedores individuais que ofertam metais, máquinas/equipamentos, ferramentas, gemas, produtos químicos, resinas, cera, silicone, esmaltes e qualquer insumo utilizado no ciclo produtivo de uma joia.

❖ **Metais** • Fundamentais na confecção de joias, sendo o ouro e a prata os mais utilizados, além de ródio, paládio, cobre, platina, entre outros. A produção de ouro no Brasil, em 2011, foi de 65 toneladas; a maior parte de extração feita por grandes empresas (57 toneladas) e a menor quantidade por garimpos (8 toneladas). A demanda do metal foi de 26 toneladas aproximadamente. A maioria da produção destinou-se ao mercado externo, e os principais estados produtores foram Minas Gerais, Goiás, Bahia, Pará e Mato Grosso. Já a produção de prata no Brasil, em 2011, foi de 15 toneladas, a partir de concentrados minerais, e 71,6 toneladas, a partir da reciclagem de concentrados metalúrgicos e sucatas, para a importação de 282 toneladas de bens de prata e 260 toneladas de semifaturados, incluindo prata bruta, barras, fios, chapas etc. Pará, Minas Gerais e Bahia foram os principais estados produtores.

❖ **Máquinas, equipamentos e ferramentas** • Conjunto de elementos específicos para joalheria, com lojas e revendedores concentrados nos principais centros do Brasil, em especial São Paulo e Rio de Janeiro. Alguns equipamentos também são importados.

❖ **Gemas** • Estima-se que um terço do volume de gemas do mundo é produzido em nosso país, com exceção do diamante, rubi e safira. A produção no Brasil é realizada principalmente por pequenas empresas de mineração e garimpos, com forte concentração em Minas Gerais, Rio Grande do Sul, Bahia, Goiás, Pará e Tocantins; o mercado externo é o destino da maior parte dessa produção.

A lapidação e a fabricação de artefatos de pedra são feitas no Brasil, em especial por pequenas empresas ou empreendedores individuais, muitos sem a devida formalização.

Ciclo de transformação

Produzir uma joia envolve um conjunto de etapas, passando por diversas fases e opções de fabricação. Alguns fatores como o tipo de joia, as especificações, os materiais relacionados, além da definição se será peça única ou produção em série determinam a opção de fabricação mais apropriada. Avaliar criteriosamente esses fatores possibilita escolher processos com melhor custo e benefício.

Atender às várias fases de produção de uma joia requer a participação de profissionais com conhecimentos específicos, tais como: ourives, modelistas, desenhistas cadistas, fundidores, lapidadores, cravadores, gravadores, designers, entre outros.

Tanto uma empresa (joalheria, loja de acessórios e afins, polos joalheiros) como uma pessoa física (designer, comerciante autônomo ou o próprio consumidor final) podem ser clientes que desejam a criação e a produção de uma joia, e são diversas as atividades executadas para a plena realização desse trabalho. Entre elas estão:

❖ Criação e desenho final da joia a ser produzida.

❖ Especificações dos metais, gemas, materiais alternativos, dimensões, espessuras e acabamentos a serem utilizados na joia.

❖ Definição dos processos de fabricação: prototipagem; modelagem em cera ou a produção direta no metal escolhido por meio de ourivesaria; reprodução pelo processo de fundição por cera perdida e outros processos complementares. Logo, o custo, o tempo, a reprodução e a complexidade influenciam a escolha dos melhores processos.

❖ Acabamento da peça em metal, como lixar, limar e polir.

❖ Acabamento complementar: banhos, cravação de pedras, gravação, esmaltação ou fixação de outros materiais.

Os profissionais que realizam as atividades nesses processos podem fazer parte de uma indústria de joias ou serem empreendedores individuais. O Brasil registra um número elevado de profissionais que compõem esse último grupo; porém, uma quantidade expressiva deles não é formalizada.

Distribuição e mercado

Em geral, a comercialização da joia é feita por pessoas jurídicas, como joalherias, lojas de acessórios e afins, além de representantes da indústria e do comércio dessa área em feiras e eventos. As pessoas físicas, em geral, são designers de joias ou vendedores autônomos (sacoleiros). Nos últimos anos, a internet, em razão de seu crescimento significativo, tornou-se um meio para a exposição dos produtos, que podem ser encontrados em sites institucionais, portais e redes sociais. O e-commerce também se expandiu, e o baixo custo na criação de uma loja virtual aumentou substancialmente a quantidade de produtos vendidos não só por grandes, médias e pequenas empresas, mas também pelo empreendedor individual.

O consumidor final, que tanto pode pertencer ao mercado nacional como ao internacional, é a última etapa da trajetória da comercialização do produto.

Metais
e ligas

Esses elementos são considerados fundamentais para a confecção das joias. Por serem constituídas de metais nobres, a cor da joia, dureza e pureza variam de acordo com a composição das ligas. Neste capítulo, abordaremos de maneira breve a história dos metais, suas propriedades, tipos, além das principais ligas e soldas utilizadas na joalheria.

Os metais ontem e hoje

Atualmente, a humanidade depende muito dos metais. Em quase todas as atividades e construções humanas, elevadas quantidades de metal são empregadas. Nos transportes e grandes estruturas civis, são usados o aço, o ferro fundido e o alumínio. Na maioria das instalações elétricas, é utilizado o cobre. Além disso, assistimos, recentemente, a crescente pesquisa, desenvolvimento e aplicação de outros metais mais leves e resistentes, como titânio, zircônio, níquel e outros metais produzidos de forma sintética.

Ao longo da construção das sociedades, os metais tiveram papel de destaque, e seu estudo, na história, recebe uma classificação cronológica especial: Idade dos Metais. Na linha do tempo, ela é a última etapa da Pré-História, logo depois da Idade da Pedra, podendo ser, ainda, dividida em três: Idade do Cobre (por volta de 6.000 anos atrás), Idade do Bronze (há cerca de 4.000 anos) e Idade do Ferro (aproximadamente 3.500 anos passados).

Durante a Idade dos Metais, as civilizações começaram, aos poucos, a aprimorar suas próprias técnicas de extração e manipulação desses metais, empregando-os na produção de utensílios e ferramentas, os quais, anteriormente, eram feitos de pedra. As civilizações que melhor dominavam essas técnicas foram aquelas que se consolidaram e se sobressaíram das outras, tanto no âmbito de condições de vida mais satisfatórias, quanto em vitórias nas batalhas, originando assim os grandes impérios que passaram a existir.

Com o decorrer do tempo, as sociedades desenvolveram cada vez mais suas técnicas para manipular os metais, além de procurarem e utilizarem outras substâncias metálicas em diversas aplicações de acordo com as propriedades físicas de cada uma. Por exemplo, alguns metais e ligas metálicas (como os metais nobres) sempre foram muito valorizados por possuírem características especiais para a produção de adornos: joias, objetos de decoração, medalhas, moedas etc.

Linha do tempo

Idade da Pedra

Período da Pré-História em que o ser humano começou a construir com ferramentas próprias feitas de pedra, madeira e ossos de animais (por exemplo, casas, armas para caça, diferentes utensílios, como cestas, cordas etc.). As chamadas pedras mais encontradas nesta época eram o quartzo, o quartzito e o sílex.

PALEOLÍTICO (do grego, "pedra antiga") • Instrumentos como machados, martelos e arpões eram construídos com pedra lascada. Civilizações mais primitivas assavam o barro para fazer objetos em cerâmica. O fogo era usado não só para o cozimento de alimentos como também na defesa contra os animais, e, ainda hoje, podem ser vistas, gravadas em cavernas por todo o mundo, pinturas rupestres com figuras retratando animais e cenas de caça.

NEOLÍTICO (do grego, "pedra nova") • O ser humano aprendeu a polir a pedra, elaborando então ferramentas mais resistentes e eficientes. Com a escassez da caça, as civilizações desenvolveram o cultivo de seus próprios alimentos: começaram a trabalhar com a agricultura e a criação de animais. Na Síria e na Mesopotâmia (cerca de 4000 a.C.), o sílex, uma rocha sedimentar, depois de cortada e polida, era utilizada para a fabricação dos utensílios.

TRANSIÇÃO

Enquanto algumas civilizações ainda viviam na Idade da Pedra, outras eram mais desenvolvidas (Egito, Roma e China), pois já conheciam a escrita e utilizavam os metais, que, naquele período, foi fator determinante para o aperfeiçoamento das ferramentas e técnicas usadas na guerra, na defesa, caça e agricultura. Porém, ainda naquela época, o conhecimento a respeito das propriedades dos metais era fraco, e os povos não dominavam sua extração e manipulação. Um exemplo é datado do Império Romano (753 a.C. – 476 a.C.), quando o chumbo era utilizado em muitas aplicações, pois sua toxidade era ignorada. Acredita-se que, por esse motivo, sérias adversidades tenham ocorrido (por exemplo, canalizações feitas de chumbo contaminavam a água dos romanos e causavam graves problemas de saúde).

Idade dos Metais

Período em que ocorreu a substituição das ferramentas e utensílios de pedra pelos de metais.

Idade do Cobre (período Calcolítico) – aproximadamente 2500 a.C. a 1800 a.C. • O cobre foi um dos primeiros metais a ser utilizado pelo ser humano, por volta do fim do período Neolítico. Com o passar dos anos, o estanho também começou a ser empregado. Naquela época, o homem desenvolveu a metalurgia com o domínio do fogo.

Idade do Bronze – aproximadamente 3000 a.C. a 1800 a.C. • A partir de misturas de outros metais, como o cobre e o estanho, algumas civilizações conseguiram fabricar uma substância amarelo-parda, hoje denominada bronze. Essa liga metálica se mostrou muito resistente e proporcionou a fabricação de instrumentos mais rígidos, como armas. Ao longo da história, as civilizações descobriram outras ligas quando misturavam diferentes metais. O latão, por exemplo, é uma liga metálica composta de cobre e zinco, bastante utilizado no Império Romano para a fabricação de moedas; atualmente, está presente na confecção de joias.

Idade do Ferro – aproximadamente 1200 a.C. a 1000 d.C. • A exploração do ferro pelo homem, tanto na Europa como no Oriente Médio, data de aproximadamente 1200 a.C. Naquele período, conhecido como Idade do Ferro, os utensílios feitos de bronze foram aos poucos substituídos pelos de ferro, pois este apresentava características bastante interessantes, como maior dureza. A utilização do ferro possibilitou transformações profundas nas civilizações, que se refletiram na agricultura, com seu desenvolvimento mais rápido, na fabricação de armas modernas, propiciando a expansão territorial de muitos povos e impérios, bem como na criação de outros artefatos, o que promoveu a evolução tecnológica cada vez mais acelerada, e assim modificando a Europa e outras partes do mundo.

No âmbito da Química, a tabela periódica organiza grupos específicos de seus elementos, os quais apresentam propriedades físicas em comum; entre os quais estão os denominados metais.

Os átomos de metais possuem uma forte característica chamada eletropositividade, que é a tendência de perder elétrons. Por esse motivo, elementos metálicos podem ser ligados formando uma geometria uniforme, por meio da qual os elétrons perdidos de cada átomo fluem livremente e de maneira desordenada; porém, todos esses elementos são conectados na ligação metálica.

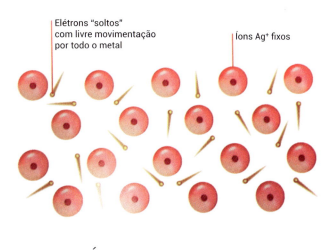

Elétrons "soltos" com livre movimentação por todo o metal

Íons Ag^+ fixos

Essa ligação possibilita a formação de substâncias, também chamadas metais, que podem ser classificadas como puras (apenas um elemento metálico envolvido) e impuras (ou ligas metálicas, nas quais dois ou mais tipos de elementos metálicos são envolvidos). Vale a pena ressaltar que, na prática, nenhuma substância pode ser completamente pura, pois, no mundo físico, uma substância quase pura sempre estará contaminada por uma ínfima quantidade de átomos de outro elemento químico. Uma substância considerada pura nunca apresenta grau de pureza de 100% (por exemplo, o grau de pureza do conhecido ouro puro de 24 quilates é de aproximadamente 99,9% de átomos de ouro).

As substâncias metálicas demonstram, entre suas inúmeras características, boa condutibilidade térmica, altas temperaturas de fusão e ebulição, além de altíssima condutibilidade elétrica em razão do fluxo livre de elétrons pela sua estrutura. Outras características importantes e observadas nas substâncias metálicas são sua elevada maleabilidade (capacidade de se formar lâminas delgadas por deformação), elevada ductilidade (grau de deformação que o material suporta até que se rompa, indicando a capacidade de se transformar em filamentos), alta elasticidade (capacidade de o material voltar à forma original após ser esticado) e brilho. Estão geralmente no estado sólido à temperatura ambiente, exceto o mercúrio (Hg), o único metal encontrado na natureza terrestre em estado líquido. Por todos esses fatores, os materiais metálicos são considerados muito importantes no dia a dia.

Os metais são classificados em nobres (ou preciosos) e não nobres. No contexto da joalheria em especial, os metais nobres são muito valorizados na confecção de objetos preciosos em virtude de suas propriedades físicas, detalhadas a seguir.

Principais propriedades e características dos metais

COR • Apresentam cores distintas, com predominância do prateado e dourado.

BRILHO • Uma das características dos metais é ter brilho próprio, também conhecido como brilho metálico. Isso ocorre porque a radiação que recebem é absorvida com muita facilidade e reemitida apenas em parte. A energia irradiada é utilizada pelos elétrons na substância; uma parte dessa energia é liberada na forma de luz, e outra parte é convertida na forma de calor. Em geral, a luz que incide sobre os metais é branca (soma de todos os comprimentos de onda no espectro visível, ou seja, a composição de todas as cores). Como os elétrons liberam parte dessa energia absorvida, a luz refletida no metal quase sempre é o branco acinzentado e, em alguns casos, o amarelo (ouro) ou avermelhado (cobre).

O fenômeno da oxidação pode retirar da superfície do metal parte de seu brilho, tornando-se mais ou menos alterado pela ação de agentes atmosféricos. Extremamente relevante na joalheria é o trabalho de polir a superfície do metal para eliminar impurezas causadas pela oxidação e dar destaque ao brilho natural. O ouro e a platina são os metais menos afetados.

OPACIDADE • Independentemente da espessura, os metais são opacos sob qualquer forma que se apresentem (sólido ou líquido).

DENSIDADE • A razão entre a massa e o volume no espaço corresponde à densidade de uma substância. Ela permite medir a massa que determinada substância ocupa dentro de um mesmo volume de referência. Duas placas idênticas de prata e de ouro amarelo, por exemplo, têm massas diferentes. A placa de ouro é mais pesada em razão de sua maior densidade.

Na ourivesaria, portanto, é importante saber a densidade de cada metal ou liga metálica para se calcular o peso de uma peça pelo seu volume (comprimento, espessura e largura), o que é possível fazer aplicando-se a fórmula:

> **PESO =** COMPRIMENTO **x** ESPESSURA **x** LARGURA **x** DENSIDADE DO METAL

Ex.: Qual seria o peso de uma placa de ouro amarelo de 5 cm x 3 cm e espessura de 0,1 cm?

> **PESO =** 5 cm **x** 0,1 cm **x** 3 cm **x** 19,28 g/cm³ **=** 28,92 g

Comumente são usados milímetros como unidade para as dimensões da peça. Quando se utilizam milímetros em vez de centímetros, é preciso dividir o resultado por 1.000 a fim de encontrar o valor correto para padronizar as unidades de medida na fórmula. Vejamos como ficaria o mesmo caso (50 mm x 30 mm x 1 mm):

$$\text{PESO} = \frac{(50 \text{ mm} \times 1 \text{ mm} \times 30 \text{ mm} \times 19{,}28 \text{ g/cm}^3)}{1.000} = \frac{28.920}{1.000} = 28{,}92 \text{ g}$$

Densidades aproximadas (comumente utilizadas) dos principais metais em sua forma pura

Metal puro	Densidade (g/cm³)
Irídio	22,65
Ósmio	22,61
Platina	21,45
Ouro	19,28
Ródio	12,45
Rutênio	12,37
Paládio	12,00
Prata	10,50
Cobre	8,93
Níquel	8,91
Estanho	7,29
Titânio	4,55
Alumínio	2,70

Em relação às ligas metálicas, as densidades sofrem alterações e variam em algumas faixas determinadas pela porcentagem de cada elemento químico utilizado.

Densidades aproximadas de algumas ligas importantes

Liga metálica	Densidade (g/cm³)
Platina 950	20,1
Ouro 22k	17,7 - 17,8
Ouro amarelo 18k	15,2 - 15,9
Ouro branco 18k	14,7 - 16,9
Ouro 14k	12,9 - 14,6
Prata 950	10,4
Prata esterlina (925)	10,2 - 10,4

MALEABILIDADE E DUCTILIDADE • A capacidade de o metal, a certas temperaturas, sofrer deformações permanentes sob a ação de esforços mecânicos, como forjadura, martelagem e laminagem, caracteriza sua maleabilidade. Essa propriedade visa à produção de lâminas e chapas muito finas. Quanto mais o metal for maleável, menos trabalho será necessário para obter a deformação, e mais essa deformação pode ser acentuada sem conduzir à ruptura.

Permanentes mudanças de forma, sem ruptura ou fissuração, ocorrem por meio da ductilidade. Quando submetidos a esforços de tração, alguns metais podem ser reduzidos a fios por trefilação, batidos, comprimidos e estirados sem partir.

A ductilidade e a maleabilidade estão proporcionalmente relacionadas com a plasticidade do metal sem, contudo, coexistirem. Todo metal dúctil tem boa maleabilidade, mas nem todo metal maleável apresenta boa ductilidade. Isso ocorre porque um metal macio (fácil de passar no laminador) pode ser pouco resistente e se romper ao ser submetido a uma tração na fieira.

Tanto a maleabilidade como a ductilidade aumentam com a temperatura, por isso os metais são trabalhados mais facilmente quando recozidos (aquecidos). Na ourivesaria, tais propriedades são consideradas de elevada importância ao se lidar com os metais para a fabricação de chapas e fios.

TENACIDADE • Representa a faculdade de um material absorver energia sem sofrer fratura. Ou seja, é a resistência que os metais apresentam para suportar grandes pressões (tração, forja ou distorção) sem se quebrarem, determinando uma qualidade importante para as peças sujeitas a choques e impactos, como engrenagens, correntes etc. Em geral, a tenacidade diminui com a temperatura, mas nem sempre de forma proporcional.

Na joalheira, especialmente, a tenacidade dos metais é bastante relevante na aplicação de determinadas técnicas, como trefilação, distensão, compressão, cisalhamento e forja, entre outras, pois as peças que utilizam em sua composição metais pouco tenazes podem sofrer rupturas em certos pontos pelo excesso de energia oriundo do impacto mecânico da ferramenta.

ELASTICIDADE • Propriedade que algumas substâncias têm de, quando deformadas, retomarem sua forma primitiva no momento em que cessa a ação deformadora. É possível aos metais com alto grau de elasticidade adquirir uma curvatura bem pronunciada sem se quebrar ou se deformar permanentemente. É o caso, por exemplo, do aço, muito usado na fabricação de molas.

FUSIBILIDADE • Excetuando-se o mercúrio, o único metal líquido encontrado na natureza (sob as condições de pressão e temperatura terrestres), certas substâncias apresentam a capacidade de serem derretidas (fundidas) pela ação do calor.

O conhecimento do ponto de fusão dos metais, definido pela temperatura na qual uma substância passa do estado sólido para o estado líquido ou vice-versa (solidificação), é importante na fundição de ligas metálicas e no processo de soldagem.

Pontos de fusão aproximados de metais importantes em sua forma pura

Metal	Ponto de fusão (ºC)
Ósmio	3 045
Irídio	2 410
Rutênio	2 250
Ródio	1 966
Platina	1 774
Titânio	1 670
Paládio	1 552
Ferro	1 535
Níquel	1 455
Cobre	1 083
Ouro	1 063
Prata	961
Alumínio	658
Zinco	419
Chumbo	327
Estanho	232

Nota: O ponto de fusão varia de acordo com a pressão atmosférica

DUREZA • Resistência que uma substância oferece quando é riscada por outra. Caracteriza-se por ser muito variável, podendo receber classificação de acordo com os mais diversos padrões internacionais. É possível aumentar a dureza de um metal por meio da criação de ligas.

CONDUTIBILIDADE ELÉTRICA E TÉRMICA · A capacidade de uma substância conduzir uma corrente elétrica é a condutibilidade elétrica. Os metais, substâncias nas quais, sabidamente, os elétrons fluem de forma livre em seu meio, são excelentes condutores elétricos. Entre os metais, a prata é o melhor condutor de eletricidade, seguida do cobre, ouro, alumínio, zinco, platina, ferro, níquel e estanho.

Considerada muito importante no processo de soldagem, a condutibilidade térmica é propriedade de uma substância conduzir energia em forma de calor. Analogamente, os metais também são bons condutores de calor, pois seus elétrons conduzem energia térmica; a prata é, ainda, o melhor condutor de calor, seguida do cobre, ouro, zinco, estanho, ferro e platina.

RESISTÊNCIA AOS AGENTES ATMOSFÉRICOS • A maioria dos metais expostos ao ambiente sofre consequências físico-químicas em razão da atuação de agentes atmosféricos. O contato com a água ou a umidade, por exemplo, pode exercer ação oxidante em graus muito variáveis.

Sobre o ferro, a oxidação é profunda, já que uma corrosão denominada ferrugem é formada e ataca o metal, acabando por destruí-lo. As corrosões são definidas como um ataque destrutivo a um metal, que começa a ser afetado em sua superfície.

Em metais nobres, em sua forma pura, não há oxidação. Porém, nas ligas (por exemplo, nas de ouro e prata), pode ocorrer oxidação apenas superficial em consequência de outros metais estarem presentes na composição, como o cobre.

REATIVIDADE • Capacidade de uma substância reagir quimicamente. Em geral, os metais, muito reativos, podem reagir com a água, ácidos, bases, entre outros; eles seguem uma fila de reatividade química em que os menos nobres são mais reativos que os mais nobres.

Metais nobres

Popularmente chamados metais preciosos, são considerados nobres em virtude de sua raridade, propriedades e potenciais aplicações. Raros na natureza, caracterizam-se por não serem atacados por ácidos ou sais, apresentarem alta densidade, maleabilidade – podem ser reduzidos a chapas finas – e ductilidade – podem ser reduzidos a fios. Os metais nobres não são corroídos quando expostos à atmosfera, embora seja formada uma fina película oxidante sobre a superfície que não deteriora o metal.

Com características físicas em comum, compõem um grupo de oito elementos: irídio, ósmio, ouro, paládio, platina, prata, ródio e rutênio. Esses metais são muito utilizados na produção de joias, principalmente o ouro, a prata, a platina, o paládio e o ródio.

OURO PURO OU FINO (24 K)

- ❖ Símbolo: Au
- ❖ Cor: amarela e brilho metálico (dependendo da liga metálica, a cor pode variar: amarelo, vermelho, rosa, branco, negro, azul, verde, violeta)
- ❖ Ponto de fusão: 1 063ºC
- ❖ Dureza: baixa (2,5 a 3,0), podendo ser facilmente riscado
- ❖ Densidade: alta (19,3 g/cm³)

Geralmente encontrado na natureza no estado nativo, em forma de escamas ou pepitas, o ouro é o mais maleável e dúctil dos metais, podendo se transformar em fios ou lâminas muito finas. Trata-se de um bom condutor de calor e eletricidade, sendo quimicamente inativo e não afetado pelo ar, calor e umidade e, ainda, dissolve-se em algumas soluções, como água-régia. O ouro puro é muito macio para a produção de joias; então, a fim de aumentar sua dureza, resistência e elasticidade, é usado o ouro ligado, o que também influencia na redução do preço por causa da adição de metais mais baratos, diminuição de seu peso específico e de seu ponto de fusão.

PRATA PURA

❖ Símbolo: Ag

❖ Cor: cinza

❖ Ponto de fusão: 961ºC

❖ Dureza: baixa (2,5 a 3,0), podendo ser facilmente riscada

❖ Densidade: 10,50 g/cm³

Encontrada geralmente na forma de pepitas ou grãos, grande parte da prata é ex-traída como subproduto da mineração do chumbo. A prata pura ou 1.000 é muito maleável e dúctil, podendo ser laminada e trefilada em chapas e fios bem finos. Dentre os metais, é o melhor elemento químico condutor de eletricidade e calor em sua forma pura.

Combinada com o oxigênio, a prata forma uma camada de óxido de prata (uma substância bactericida) na superfície. Em estado líquido, ela absorve muito oxigê-nio, que nem sempre é devolvido ao ambiente quando o material esfria, dificultan-do assim seu processo de fundição. É dissolvida em ácido nítrico, ácido sulfúrico concentrado e aquecido, e ácido clorídrico; já a água-régia, muito corrosiva, só a atinge superficialmente, não chegando a dissolvê-la. O enxofre e seus derivados não reagem profundamente com a prata e fazem com que ela escureça (prata oxidada ou prata envelhecida).

Em seu estado puro, a prata é muito macia. A fim de aumentar sua dureza e resistência, usa-se a prata ligada, o que também afeta na redução do preço em virtude da adição de metais mais baratos e da diminuição de seu ponto de fusão. É um metal nobre, porém mais barato que o ouro.

PLATINA

❖ Símbolo: Pt

❖ Cor: cinza e brilho intenso

❖ Ponto de fusão: aproximadamente 1 773ºC

❖ Dureza: 4,0 a 4,5

❖ Densidade: altíssima (21,45 g/cm³)

Em geral, a platina é encontrada na natureza misturada com ferro, irídio, palá-dio e níquel, sendo um dos metais mais densos, relativamente maleável, dúctil e resistente à corrosão pelo ar. Pode ser martelada até atingir a espessura de 0,0025 mm, e seu fio pode ser trefilado até a espessura também de 0,0025 mm. Não é um bom condutor de calor. Por conta de se ligar facilmente ao carbono, por meio do calor, deve ser evitado qualquer contato da platina com moléculas de carbono (por exemplo, a chama de maçarico com muita fuligem). Na intenção de obter uma liga forte e dura, pequenas quantidades de irídio são utilizadas nas ligas de paládio.

Pouco atacada por ácidos simples, a platina é dissolvida por água-régia, porém mais lentamente que o ouro. Em estado líquido, comporta-se como a prata, absorvendo oxigênio e liberando-o ao se solidificar, o que demanda cuidados na fundição. Como esfria muito rápido, sua árvore deve ser feita de forma horizontal na fundição. Por ser rara, é mais valiosa que o ouro e a prata.

PALÁDIO

* Símbolo: Pd
* Cor: cinza escurecido, semelhante à cor do aço
* Ponto de fusão: aproximadamente 1 555ºC
* Dureza: 4,5 a 5,0
* Densidade: 12,00 g/cm³

Elemento do grupo da platina, com menor densidade e ponto de fusão, é encontrado em forma de pepitas. De modo similar ao ouro, pode ser laminado em folhas de espessuras bem finas, sendo atacado pelos ácidos sulfúrico e nítrico. O paládio serve como base para a liga do ouro branco, e sua capacidade de absorção de hidrogênio é de até 900 vezes seu próprio volume.

RÓDIO

* Símbolo: Rh
* Ponto de fusão: 1 966ºC
* Cor: prateada e brilhante

Metal precioso da família do irídio, é bastante resistente à corrosão. Por ser um dos metais mais duros que existe, é difícil de ser trabalhado à temperatura ambiente. O ródio tem alta reflexibilidade de luz e raramente é atacado por agentes oxidantes. O banho de ródio é muito usado para dar acabamento em joias.

IRÍDIO

- ❖ Símbolo: Ir
- ❖ Cor: branca
- ❖ Ponto de fusão: 2 454°C

Muito duro e quebradiço e, por essa razão, de difícil usinagem, ao lado do ósmio, é o metal de maior massa específica e também o de maior resistência à corrosão. Não é atacado por nenhum ácido, nem mesmo a água-régia, mas sim por sais fundidos como o cloreto de sódio e o cianeto de sódio. É usado principalmente nas ligas de platina para aumentar a resistência da platina à dureza e à elasticidade, bem como em ligas de alta resistência que podem suportar elevadas temperaturas. O irídio é também utilizado na fabricação de cadinhos. As ligas de irídio e ósmio são empregadas na produção de penas de canetas-tinteiros, agulhas de bússolas, agulhas de injeção e eixos de diversos instrumentos.

ÓSMIO

- ❖ Símbolo: Os
- ❖ Cor: azul-acinzentado
- ❖ Ponto de fusão: 3 000°C (o mais alto em relação aos outros metais do grupo da platina)
- ❖ Densidade: muito alta (22,6 g/cm³), similar ao irídio

Bastante difícil de ser trabalhado mesmo em altas temperaturas, é muito utilizado em ligas como endurecedor. Por ser um metal extremamente tóxico em sua forma pura, seu uso é associado a outros metais (especialmente o irídio e a platina) para aplicações que exijam grande dureza e durabilidade. O ósmio é também muito resistente à corrosão e à reação com ácidos, dissolvendo-se por fusão alcalina.

RUTÊNIO

* ❖ Símbolo: Ru
* ❖ Cor: branca e brilhante
* ❖ Ponto de fusão: 2 607°C

Em razão de sua dureza, é um dos seis metais que formam o chamado grupo da platina (irídio, ósmio, paládio, platino, ródio e rutênio) e muito utilizado não só em aplicações envolvendo ligas com a platina, como também na forma de endurecedor de substâncias, com a adição de pequenas quantidades do metal. Caracteriza-se por oxidar-se em contato com ar somente a temperaturas superiores a aproximadamente 820°C, sendo possível aumentar a dureza da substância em centenas de vezes ao se adicionar 0,1% de rutênio em metais como paládio e platina.

Metais não nobres

Todos os que oxidam em contato com o oxigênio. São abundantes na natureza e fundamentais na fabricação de joias, sendo utilizados principalmente nas ligas de metais para melhorar suas propriedades mecânicas.

COBRE

* ❖ Símbolo: Cu
* ❖ Cor: avermelhada
* ❖ Ponto de fusão: 1 083°C

É um dos metais mais importantes no âmbito industrial por ser maleável, dúctil, bom condutor de calor e de eletricidade, ter boa resistência à corrosão e relativamente abundante e barato. Com as ligas baseadas no cobre, ele está presente em ampla variedade de aplicações desde a Antiguidade. O cobre e suas ligas são o terceiro metal mais utilizado, perdendo apenas para os aços e o alumínio.

Depois da prata, é o melhor condutor de energia e calor; é utilizado na produção de materiais condutores de eletricidade (fios e cabos). Por aumentar a resistência mecânica e a dureza nas ligas metálicas, está presente nas ligas de ouro, prata e platina para a fabricação de joias. O cobre é o componente principal de outras ligas, como latão (cobre e zinco), alpaca (cobre, níquel e zinco), bronze (cobre e estanho) e soldas.

Ao entrar em contato com o ar atmosférico por tempo prolongado, sofre oxidação e forma, em sua superfície, uma película tóxica oriunda da mistura de óxidos, hidróxidos e carbonatos chamada azinhavre ou zinabre, que pode ser removida com o auxílio de soluções ácidas como o vinagre e suco de limão. Apesar de não reagir com os ácidos clorídrico e sulfúrico diluído, o cobre, com ácido nítrico, forma óxidos de nitrogênio.

É ainda muito utilizado como metal na esmaltação e, em técnicas de casamentos de metais, in lay de metais e mokumê gane.

ALUMÍNIO

❖ Símbolo: Al
❖ Cor: cinza-prateado
❖ Ponto de fusão: 660ºC
❖ Densidade: baixa (2,70 g/cm³)

Leve e não magnético, é um dos metais mais maleáveis e dúcteis, além de bom condutor de calor e eletricidade e, ainda, apresenta boa resistência à corrosão. No estado puro, o alumínio é mole e pouco resistente, mas suas propriedades mecânicas são melhoradas se for ligado com pequenas proporções de cobre, magnésio, entre outros elementos. É um dos principais componentes do ouro violeta e pode ser tingido de várias cores pelo processo de anodização, no qual o alumínio é eletricamente oxidado (assim como o titânio).

NÍQUEL

❖ Símbolo: Ni
❖ Cor: prata esbranquiçada
❖ Ponto de fusão: 1 455ºC
❖ Densidade: 8,91 g/cm³

Bom condutor de eletricidade e calor, trata-se de um metal dúctil e maleável. Na galvanização (técnica contra a corrosão de metais), o níquel é largamente usado na forma de banho por ser muito resistente à corrosão e à oxidação. Uma de suas principais características é melhorar as propriedades da maioria dos metais e ligas a que se associa, pois aumenta a dureza e a elasticidade da liga, além de reduzir o custo do material. Apresenta a desvantagem de deixar a liga quebradiça e com pouca expansividade. É um dos componentes das ligas de alpaca e de ouro branco.

ZINCO

- Símbolo: Zn
- Cor: branca azulada
- Ponto de fusão: 419ºC

Sua grande facilidade de combinação com outros metais permite seu uso na fabricação de ligas (bronze, latão, entre outras). Quando ligado ao cobre, ele forma uma liga de latão, que é utilizada na ourivesaria para a fabricação das soldas. A adição de latão abaixa o ponto de fusão do material. Bastante maleável e dúctil, o zinco pode ser laminado em chapas finas e estirado em fios.

TITÂNIO

- Símbolo: Ti
- Cor: cinza
- Ponto de fusão: aproximadamente 1 670ºC
- Densidade: baixa (4,55 g/cm³)

Extremamente resistente à corrosão e ao impacto mecânico, é um metal muito rígido e, ao mesmo tempo, muito leve. Por ser difícil de modelar e por causa do seu alto ponto de fusão, só consegue ser soldado com maçarico de argônio ou solda mecânica (rebite). É possível ser colorizado por meio do calor do maçarico ou do processo de anodização, chegando a muitas cores do espectro visível: amarelo-claro, violeta, azul-claro, azul-escuro e verde. Em razão de sua alta dureza, o titânio desgasta com mais facilidade ferramentas como limas, serras e brocas. Na joalheria moderna, ele é bastante utilizado.

ESTANHO

- Símbolo: Sn
- Cor: cinza-escuro
- Ponto de fusão: muito baixo (232ºC)

Resistente à corrosão, esse metal, apesar de não oxidar com o ar, é atacado pelos ácidos sulfúrico, nítrico e clorídrico concentrados. Com bases alcalinas, produz estanatos. O estanho está presente na fabricação de bijuterias.

Ligas

Pela combinação de dois ou mais elementos químicos, sendo pelo menos um deles metal, forma-se uma substância denominada liga metálica. Na maioria das aplicações em joalheria, todos os elementos químicos envolvidos nas ligas são metais.

Na joalheria, o propósito da formação de ligas metálicas é alterar algumas características do material em relação a seu estado puro, tendo por finalidade aumentar sua performance mecânica e, em alguns casos, o custo de produção. Os metais nobres, por exemplo, têm características raras e de extrema importância na joalheira (muito dúcteis, maleáveis, não corrosivos e bastante valorizados). Entretanto, pelo fato de serem macios demais, pode ser requerida a modificação de sua resistência, dureza e elasticidade, o que é feito com a adição de outros metais, como o cobre.

Outro objetivo comum na formação de ligas é a alteração da densidade e do ponto de fusão, visando melhorias nas aplicações em processos específicos como soldagem. No caso do ouro, dependendo do material adicionado à substância, altera-se a cor do material (por exemplo, ouro amarelo, branco, rosa, vermelho, negro, verde, azul etc.).

As ligas metálicas podem ser obtidas por diversos processos. Na joalheria, o mais utilizado é o de fusão dos metais, no qual são fundidas porções adequadas de cada componente, para que se misturem no estado líquido. A fusão é realizada em recipientes especiais; neles, a liga fundida é então lentamente resfriada, dando origem a formas desejadas, como lingotes e barras.

> **LIGAS METÁLICAS MAIS COMUNS NO COTIDIANO**
> AÇO: ferro e carbono
> AÇO INOXIDÁVEL: ferro, carbono, cromo e níquel
> LATÃO: cobre e zinco
> ALPACA: cobre, níquel e zinco
> BRONZE: cobre e estanho

LIGAS DE METAIS NOBRES

A quantidade de metal nobre na liga é indicada pelo toque desse material. Ou seja, quanto maior o toque, maior é a quantidade desse metal nessa liga. As unidades mais utilizadas para a medida do toque são o quilate e a proporção de milésimos (teor).

A proporção de milésimos (teor) corresponde ao número de partes da massa do metal nobre por mil partes da massa total da peça. Ou seja, uma liga de prata 950 indica que, em determinada peça, há 950 g de prata por 1.000 g da massa total. Assim, se a peça pesar 2.000 g, há nela 1.900 g de prata. A escala de milésimos vem sendo cada vez mais utilizada, porque sua leitura é mais fácil de ser compreendida pelo consumidor.

A unidade quilate pode significar dois tipos de medida: unidade de massa (quilate métrico) e medida de composição em ligas (quilate de liga).

Quilate métrico (abreviação ct, do inglês carat) é usado como medida de massa para gemas (quanto ela pesa). (Veja "Gemas e lapidação", p. 38.)

Quilate de liga (abreviação k) é usado para avaliar o toque da liga, ou seja, a quantidade de metal nobre puro que aquela liga possui. Quanto mais elevado é o quilate da liga, maior a quantidade de metal nobre existente por unidade de massa dessa peça.

LIGAS DE OURO

Também conhecido como ouro fino ou puro, o ouro 24 quilates é um metal extremamente maleável. Para que ele seja usado na confecção de joias, são feitas ligas com outros metais na intenção de melhorar a elasticidade, resistência e dureza, além de reduzir seu peso específico e seu ponto de fusão. Com a adição de metais mais baratos, seu custo diminui, e sua cor, como já mencionado, é definida conforme o metal empregado na liga.

O quilate do ouro (k) é uma unidade de medida que identifica o teor de pureza, ou seja, a razão de sua massa sobre a massa total da peça. Pode-se calcular o quilate de uma peça utilizando a regra de três.

Assume-se que o ouro puro (100% de ouro) tem 24 k. Então, a partir do quadro ao lado, calcula-se a relação entre Q e P.

	Quilates (k)	Pureza (em porcentagem %)
Ouro puro (24k)	24	100
Outros teores	Q	P

$$P = (100 \times Q)/24 \qquad ou \qquad Q = (24 \times P)/100$$

Percebe-se, então, que a pureza de 1 quilate equivale a aproximadamente 4,17%, pois:

$$P = 100 \times 1 \div 24 \cong 4,17$$

No caso de 18 k, qual seria a pureza do ouro? Utilizando a fórmula anterior, haverá:

$$P = 100 \times 18 \div 24 = 1800 \div 24 = 75\%$$

Agora, toma-se como exemplo o caso inverso. Qual seria o quilate equivalente a uma pureza de 58%? Temos:

$$Q = 24 \times 58 \div 100 = 1.392 \div 100 = 13,92 \cong 14 \text{ k}$$

A tabela a seguir mostra valores aproximados para a pureza correspondente a diferentes valores em quilates:

Valores aproximados entre quilates e pureza

Quilates (K)	Pureza (%)
24	99,9*
22	91,7
18	75
16	66,7
14	58,3
10	41,7

* Considera-se quase impossível encontrar um metal absolutamente puro em razão da alta probabilidade de permanecerem impurezas no material, mesmo que muito ínfimas. Por esse motivo, não existe pureza de 100%.

Uma joia pode ter gravado, na sua parte interna, o seu teor ou quilates. Pela normalização americana, usa-se o quilate (k), e pela normalização europeia, o teor (proporção de milésimos).

Correspondência entre quilates e teor

Norma americana (K)	Norma europeia
24	999,9*
22	920
18	750
16	670
14	580
10	416

* Considera-se quase impossível encontrar um metal absolutamente puro em razão da alta probabilidade de permanecerem impurezas no material, mesmo que muito ínfimas. Por esse motivo, não existe pureza de 100%.

TESTE POR PEDRA DE TOQUE

Avaliar o teor de ouro em uma liga é essencial para quem trabalha com ourivesaria. É impossível diferenciar o toque de uma liga a olho nu. Para isso, é feito o teste por pedra de toque.

❖ **Pedra de toque:** pode ser uma pedra fabricada de ardósia negra, obsidiana, ágata negra sintética, de cor preta, sem veias ou manchas, com acabamento fosco. A cor escura é necessária para realçar o traço da peça (o risco do metal na pedra).

❖ **Ácidos:** o mais utilizado é a água-régia – mistura de ácido nítrico e ácido clorídrico (comercialmente chamado muriático).

❖ **Estrela de pontas de toque:** cada ponta da estrela apresenta um tipo de ouro diferente (24 k, 18 k, 16 k, 14 k). Quanto mais variado o teor de ouro em cada ponta, mais preciso será o resultado do teste.

❖ **Procedimento:** o teste consiste em riscar a peça sobre a superfície da pedra de toque – o primeiro traço. Em seguida, é feito o segundo traço com o ouro do teor desejado utilizando a estrela de pontas de toque. Depois, pinga-se uma gota de ácido nos traços, que modificarão ou não sua aparência, e as cores dos traços na superfície da pedra são comparadas. A corrosão e a perda do brilho significam que a liga de ouro é inferior. Se esse for o caso, o seu traço na pedra vai desaparecer ou ficar muito claro.

❖ **TESTE:** Riscar uma peça de latão e uma aliança de ouro 18 k.

❖ Pingar a solução de toque nos riscos.

❖ O risco do latão (anterior) some. O risco do ouro (a seguir) permanece.

Apesar de não ser muito preciso, esse teste possibilita diferenciar o teor das ligas e chega próximo ao resultado real. Para que a liga esteja exatamente no teor indicado, é necessário refinar o metal, ou seja, retirar os metais indesejados da substância e fazer nova liga.

Os espectrômetros são instrumentos que determinam de forma quantitativa e com maior precisão os elementos presentes em determinada amostra de metal; entretanto, por causa de seu alto custo, são inviáveis para uso em pequenas oficinas.

VARIAÇÕES DAS CORES DO OURO

É possível obter uma gama de cores, o que depende dos metais colocados na liga do ouro. Na joalheria, os profissionais costumam desenvolver ligas próprias de ouro para atingir colorações diferentes. A adição refinada de determinados metais contribui para a variação da tonalidade final da liga. É importante, porém, que o joalheiro sempre mantenha a proporção do metal principal (o ouro) no valor correto, com a intenção de que fique de acordo com as normas. Uma pequena variação nas porcentagens dos outros metais em cada liga contribui para uma pequena variação da tonalidade, principalmente nas cores amarela e vermelha.

Cores de ouro 750 (18 k) e proporções aproximadas de outros metais na liga

COR	Ouro (%)	Prata (%)	Cobre (%)	Paládio (%)
Amarelo forte	75	12,5	12,5	-
Amarelo-palha	75	15	10	-
Vermelho	75	-	25	-
Rosa	75	10	15	-
Branco	75	15	-	10
Branco	75	12,5	-	12,5
Branco/Violeta	75	-	-	25
Verde	75	17,5	7,5	-

Há também ouro nas cores:

❖ *Ouro azul = ouro + prata + zinco*

❖ *Ouro preto = ouro + prata + ferro*

LIGAS DE PRATA

A prata pura (ou prata 1.000) tem grau de dureza muito baixo, arranhando e amassando com facilidade. Para melhorar essas propriedades mecânicas e aumentar sua resistência e dureza, é feita a liga de prata com cobre, que também ajuda na redução do preço e diminuição do seu ponto de fusão e peso específico. Além disso, a prata ligada aumenta a oxidação.

A escolha da liga de prata depende muito do tipo de trabalho a ser feito e da preferência do autor para a confecção de uma joia. Na joalheria, a pureza desse tipo de liga deve estar entre 800 e 1.000. Numa mesma peça, o joalheiro, de acordo com a dureza requerida, pode utilizar prata de purezas diferentes. Por exemplo: alfinetes de broches (prata mais dura), virolas de pedras para cravação inglesa (prata mais macia), filigrana (prata 1.000).

PRATA DE LEI

Datada do século XIII, quando o rei de Portugal decretou uma lei estabelecendo que a prata deveria ter no mínimo 80% de pureza, essa denominação é mantida até hoje como padrão internacional na fabricação de joias. Atualmente, no Brasil, a prata de lei pode ser a 925 ou 950, variando de acordo com a região.

Alguns tipos de ligas de prata (proporções de prata e cobre e pontos de fusão aproximados)

Pureza	Prata (%)	Cobre (%)	Ponto de fusão (°C)
1.000	100	-	961
950	95	5	900
925	92,5	7,5	893
800	80	20	814

LIGAS DE PLATINA

Metal muito presente em forma de liga na alta joalheria, especialmente em função de seu valor de mercado e raridade comparada aos outros metais. O teor da platina mais utilizado é Pt950 e Pt960.

> Pt é a notação, antes do número, para designar a pureza da platina.

O METAL DA LIGA PODE VARIAR DE ACORDO COM SUA UTILIZAÇÃO:

❖ Pt960 platina com 40% de cobre (muito usada na confecção de joias por apresentar dureza, resistência e elasticidade);

❖ Pt960 platina com 40% de paládio (excelente para trabalhos de gravação com buril e cravação de gemas);

❖ Pt950 platina com 50% de irídio (por apresentar maior dureza e elasticidade, é usada em peças que sofrem grandes esforços, como fechos, agulhas de broche, fios finos);

❖ Pt950 platina com 50% de cobre (utilizada em peças de fundição).

PRÉ-LIGAS

As pré-ligas são constituídas de dois ou mais metais ligados previamente com a finalidade de produzir outras ligas metálicas. Existem, no mercado, pré-ligas para a prata, com teores que vão de 800 a 950, e para o ouro amarelo, branco e vermelho, com teores de 9 k, 14 k e 18 k.

Soldas

Substâncias metálicas fundíveis com a função de unir duas ou mais peças também metálicas; elas são classificadas de acordo com seu ponto de fusão. Cada solda tem tipos e quantidades de ligas variadas, o que lhe confere características específicas, como maior ou menor ponto de fusão, resistência e cor.

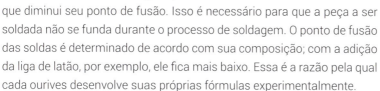

As soldas são feitas com o próprio metal a ser soldado e uma liga específica, que diminui seu ponto de fusão. Isso é necessário para que a peça a ser soldada não se funda durante o processo de soldagem. O ponto de fusão das soldas é determinado de acordo com sua composição; com a adição da liga de latão, por exemplo, ele fica mais baixo. Essa é a razão pela qual cada ourives desenvolve suas próprias fórmulas experimentalmente.

Há, no mercado, soldas prontas de ouro e de prata em forma de lâmina ou fio.

Soldas de prata

Soldas de prata	Prata (%)	Cobre (%)	Zinco (%)
Solda forte	80	16	4
Solda média	70	20	10
Solda fraca	60	25	17

Soldas de ouro

Soldas de ouro (18K)	Ouro – 1g	Solda de prata – 0,2 g
Solda forte	1	Solda forte
Solda média	1	Solda média
Solda fraca	1	Solda fraca

> É importante prestar atenção à cor do ouro usada na peça para que não haja diferença de coloração entre a peça e a solda.

Gemas
e lapidação

Gemologia é a ciência que estuda as substâncias naturais, sintéticas ou artificiais, denominadas gemas, em seu estado bruto ou lapidado. Trata-se de uma especialidade da geologia. Com a gemologia, tornou-se possível identificar, classificar e entender os limites das inúmeras variedades de gemas existentes.

A cadeia produtiva abrange a extração mineral, a indústria de lapidação, artefatos de pedras, a indústria joalheira, máquinas, equipamentos, matérias-primas e insumos utilizados em todo o processo de produção de gemas.

O procedimento de avaliação das gemas é fundamental na joalheria, e o certificado gemológico é a garantia de sua qualidade e veracidade. O gemólogo, profissional que efetua a avaliação, faz uso de vários equipamentos para identificar e avaliar as pedras.

O Brasil é conhecido por sua diversidade e grande ocorrência de pedras preciosas.

O que são gemas, material ornamental, minerais, rochas, minérios e cristais?

GEMAS • Qualquer material de origem orgânica ou inorgânica, natural ou não, utilizado principalmente como adorno pessoal e que contém como atributos beleza, durabilidade, raridade, demanda e portabilidade.

AS GEMAS PODEM SER:

* ❖ naturais inorgânicas (de origem mineral);
* ❖ naturais orgânicas (de origem animal ou vegetal);
* ❖ sintéticas (possuem a mesma composição química e estrutura cristalina de sua correspondente natural, porém é feita pelo homem);

❖ artificiais (feitas pelo homem, porém não há uma correspondente natural);

❖ compostas (formadas por duas ou mais partes de outras gemas, naturais ou não, unidas por cimentação);

❖ revestidas (recebem, em sua superfície, uma fina camada de material, colorido ou não, por métodos de cristalização, entre outros);

❖ reconstituídas (produzidas pelo homem por meio da fusão parcial ou aglomeração de fragmentos de gemas naturais ou sintéticas).

MATERIAL GEMOLÓGICO ORNAMENTAL • Substâncias naturais ou sintéticas presentes em esculturas, decorações e acabamentos arquitetônicos. Não costumam ser utilizadas como adorno pessoal.

> **PEDRA PRECIOSA E PEDRA SEMIPRECIOSA** Hoje em dia, esses termos não são mais utilizados, pois todas as gemas são consideradas preciosas; o que varia é seu valor, e não sua preciosidade.

MINERAL • Trata-se de uma substância de origem inorgânica com composição química, estrutura cristalina e formada por processo geológico.

ROCHA • Agregado natural composto de um ou mais tipos de minerais.

MINÉRIO • Qualquer rocha de onde é possível extrair um elemento ou composto químico de valor econômico.

CRISTAL • Sólido composto de átomos organizados num padrão tridimensional bem definido, que se repete e forma uma estrutura cristalina com geometria específica.

> **QUILATE:** Um quilate corresponde a 200 miligramas (0,2 g), equivalendo um grama a 5 quilates. Assim, levando-se em conta uma gema de 5 gramas, basta multiplicar o valor por 5 e encontra-se seu valor em quilates = 25.

Sistemas de cristalização

A estrutura cristalina dos minerais segue um padrão simétrico tridimensional, com eixos e planos que formam arranjos chamados sistemas de cristalização.

São eles:

1. Isométrico ou Cúbico: diamantes, espinélio, granada
2. Hexagonal: berilo, apatita
3. Tetragonal: zircão e rutilo
4. Ortorrômbico: topázio, crisoberilo
5. Monoclínico: epídoto, espodumênio, pedra da lua
6. Triclínico: turquesa, labradorita
7. Trigonal: coríndon, calcita, quartzo, turmalina

Uma gema pode ser considerada cristalina quando formada por apenas um cristal. Quando formada por vários cristais que crescem juntos, ela é chamada policristalina.

Existem substâncias, denominadas amorfas ou não cristalinas, que não apresentam arranjo interno específico (âmbar, vidros, opalas, plásticos).

Propriedades físicas dos minerais

Apresentam dureza e densidade entre outras que fazem parte da determinação das características das gemas.

DURABILIDADE

Não apenas de sua estrutura química, mas também da maneira como os átomos estão ligados entre si (estrutura atômica) depende a durabilidade de uma gema. A combinação de DUREZA, RESISTÊNCIA AO IMPACTO e ESTABILIDADE definem essa característica.

Dureza • Uma das mais importantes propriedades para a identificação de muitos minerais em seu estado bruto; expressa a resistência do mineral à abrasão ou ao risco. A escala de dureza mais utilizada é a de Mohs, apresentada na tabela 11, com os minerais ordenados por dureza crescente.

Escala de Mohs

Dureza	Minerais
1	talco
2 - 2 ½	âmbar
3	calcita
3 - 3 ½	howlita, pérola, coral,
3 - 4	coral
3 ½ - 4	malaquita, azurita, calcopirita, dolomita, mármore
4	fluorita, rodocrosita
5	apatita
5 - 5 ½	obsidiana
5 - 6	turquesa, lápis-lazúli, vidro
5 ½ - 6	sodalita
5 ½ - 6 ½	opala, hematita, rondonita
6 - 6 ½	rutilo, pirita, labradorita, pedra da lua, aventurina, amazonita, tanzanita
6 ½	epidoto, peridoto
6 ½ - 7	olho de tigre, kunzita, aspe, jadeíta, crisoprásio, ágata
6 ½ - 7 ½	granada, zircão
7	quartzo, ametista, citrino, prasiolita
7 - 7 ½	turmalina, iolita
7 ½ - 8	andaluzita, berilo, esmeralda, água-marinha
8	espinélio, topázio
8 ½	alexandrita, crisoberilo, zircônia cúbica
9	rubi, safira
10	diamante

As gemas com dureza abaixo de 7 arranham facilmente. Além do cuidado especial no processo de crava-ção, elas não devem ficar muito expostas nas joias. Não é aconselhável fazer o teste de dureza em gemas lapidadas já que seu resultado danifica a superfície testada.

Resistência a impacto • Propriedade que uma gema possui para quebrar (FRATURA ou CLIVA-GEM). Não há nenhuma relação entre a dureza da gema e esse tipo de resistência.

Por exemplo: A nefrita, com dureza relativamente baixa (6,5 na escala de Mohs), é a gema mais resistente a impacto, já que, por ser policristalina, seus microcristais não deixam que a fratura se desenvolva.

FRATURA • Refere-se à forma e à textura da superfície formada quando um mineral é que-brado. Alguns minerais têm fraturas muito características, que são determinantes em sua identificação.

CLIVAGEM • Habilidade que alguns minerais cristalinos possuem de se dividir ou partir segundo planos de ligações atômicas fracas da estrutura cristalina do mineral. A clivagem ocorre quan-do o mineral é submetido à força, seja por pressão ou choque.

Os tipos de clivagem são descritos segundo sua orientação (direção), qualidade e facilidade. Exemplos:

Gema	Qualidade da clivagem	Facilidade de clivar	Quantidade de direções
Diamante	Perfeita	Difícil	4
Fluorita	Perfeita	Fácil	4
Calcita	Perfeita	Fácil	3
Topázio	Perfeita	Moderada	1
Turmalina	Pobre	Difícil	1

Estabilidade • Capacidade que as gemas apresentam de resistir às alterações físicas ou químicas causadas por mudança de temperatura, tipo de luz e ataque químico.

Gemas mais vulneráveis: pérolas, opalas, peridotos, turquesa, esmeraldas.

DENSIDADE RELATIVA

Propriedade que envolve massa (peso) e volume. Duas gemas diferentes (por exemplo, rubi e es-meralda), com o mesmo tamanho, terão pesos diferentes. O rubi será mais pesado.

Dois fatores contribuem para que isso ocorra: sua composição química, pois alguns elementos químicos são mais pesados que outros; e sua estrutura atômica, porque, em algumas estruturas, os átomos estão mais próximos que em outras. Por exemplo: diamante x grafite. Os dois são cons-tituídos de carbono, porém o diamante é mais pesado.

A densidade relativa de uma gema pode ser obtida comparando seu peso no ar com seu peso na água. O resultado será a diferença desses valores.

Luz nas gemas

Os principais testes para a identificação de gemas funcionam com base na maneira como a luz interage com as gemas, pois, dessa forma, é possível ver toda a sua beleza. Sem ela não seria possível haver cor, brilho e efeitos óticos.

COR • Os elementos químicos presentes na composição das gemas (como partes essenciais dela ou impurezas) é que provocam sua cor. Portanto, a cor vista por nós é o resultado da transmissão de luz feita pela gema.

TRANSPARÊNCIA • As gemas possibilitam a passagem de luz em diferentes níveis. Elas são divididas em:

Transparentes • o raio de luz atravessa livremente a gema. Pode-se ver um objeto através dela.

Translúcidas • o raio de luz atravessa a gema passando por obstruções. Pode-se ver luz através da gema e, em alguns casos, o contorno de objetos.

Opacas • o raio de luz não atravessa a gema. Nenhuma luz pode ser vista através dela.

REFLEXÃO • É o retorno de luz da gema, podendo ser interno ou externo.

Externo • resulta no chamado LUSTRE ou BRILHO e depende das condições da superfície da gema e de seu índice de refração (o quanto um raio se desvia dentro da gema).

Interno • o raio de luz pode ser refletido por inclusões da gema ou por sua estrutura interna, sendo possível resultar em alguns efeitos óticos como:

❖ **Adularescência** • presença de um reflexo brilhante branco azulado, que parece se movimentar sobre a gema (por exemplo, pedra da lua).

❖ **Asterismo** • ocorrência, em forma de estrela, de raios luminosos. As estrelas podem apresentar 4, 6 ou até 12 pontas e são mais visíveis em pedras com lapidação do tipo cabochão (por exemplo, safira azul, rubi).

❖ **Acatassolamento (olho-de-gato)** • fenômeno ótico que ocorre na superfície da pedra lembrando o olho do gato. Mais visível em pedras com lapidação do tipo cabochão (por exemplo, crisoberilos, olho de tigre, olho de falcão).

❖ **Aventurescência** • fenômeno da mineralogia em que aparecem reflexos brilhantes, produzidos por inclusões em forma de folhas, quando vistos sob luz refletida (por exemplo, aventurina, pedra do sol).

❖ **Irisação:** fenômeno no qual ocorre um jogo de cores causado pela reflexão da luz em estruturas, na superfície da gema. Em algumas gemas, produz efeito completo das cores espectrais (arco-íris) ou pode ser de apenas uma cor predominante.

❖ **Opalescência:** É a irisação nas opalas.

❖ **Labradorescência:** É a irisação em certos grupos de feldspatos, como a labradorita.

❖ **Oriente:** É a irisação em pérolas e madrepérolas.

Reflexão por inclusões	Reflexão por complexidade estrutural
Estrelas em safiras e rubis	Jogo de cor da opala
Olho-de-gato do crisoberilo	Iridescência da pedra da lua
Iridescência da pedra do sol	Iridescência da labradorita
Aventurescência do quartzo aventurino	
Efeito arco-íris de algumas obsidianas	

REFRAÇÃO • Fenômeno que ocorre quando um raio de luz passa de um meio (por exemplo, ar) para outro (por exemplo, gema) e muda sua velocidade e direção. O índice de refração é a relação proporcional entre a velocidade da luz no ar e na pedra. Esse índice varia em cada mineral, dependendo de sua composição química e estrutura cristalina.

Em relação ao índice de refração, as gemas podem ser isotrópicas ou anisotrópicas. As primeiras têm um único índice de refração (monorrefringentes), porque nelas a velocidade da luz é constante, independentemente da direção (por exemplo, diamante e granada). Nas anisotrópicas, a velocidade da luz depende da direção e há, portanto, dupla refração (birrefringência).

PLEOCROÍSMO • Propriedade ótica das gemas anisotrópicas e coloridas de transmitir a luz de maneira diferente, dependendo do ângulo em que é observada apresentando assim diferentes cores na mesma gema. Na maioria das gemas, as cores são bastante próximas, mas, em alguns casos (andaluzita, iolita), isso pode ser bem visível.

DISPERSÃO • Ocorre quando um raio de luz passa por duas faces inclinadas de uma gema transparente e se divide nas cores espectrais. É chamado também fogo e se apresenta com muita intensidade nos diamantes.

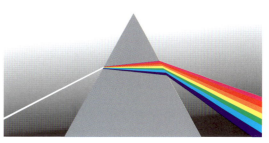

IMITAÇÕES, SIMULANTES E TRATAMENTOS •

Imitação ou simulante • qualquer material natural ou artificial usado para imitar ou simular o efeito ótico, a cor ou a aparência de outra gema sem ter sua propriedade química ou física.

Tratamentos • métodos artificiais de alterar a aparência ou as propriedades das gemas. Por exemplo, mudando sua cor, durabilidade e provocando efeitos óticos.

Os tratamentos são feitos por dois principais motivos:

❖ Melhorar uma gema natural.
❖ Fazer com que uma gema de qualidade baixa e barata pareça mais valiosa.

Os principais tratamentos são:

❖ **Tingimento** • introdução de líquido ou material colorido nas fissuras das gemas; geralmente aplicado em gemas porosas opacas ou translúcidas.

❖ **Folheação** • aplicação de uma película colorida no fundo da gema; é em geral utilizado quando a gema é cravada com fundo fechado.

❖ **Pintura** • simples aplicação de uma camada de cor por cima da gema.

❖ **Impregnação e preenchimento por cera, óleo e resina** • utilizado para melhorar a aparência ou aumentar a durabilidade de gemas porosas ou fraturadas.

❖ **Aquecimento** • utilizado para produzir ou remover a cor de uma gema, alterando o estado químico de alguns elementos de sua composição. Também é usado em safiras e rubis para produzir ou dissolver os rutilos que causam efeitos óticos como estrela.

❖ **Alta temperatura e pressão** (*high pressure high temperature* - HPHT) • usado para alterar a cor de alguns tipos de diamantes.

❖ **Irradiação** • serve para produzir cor em algumas gemas, podendo ser também usado em conjunto com aquecimento.

❖ **Laser** • utilizado na redução do impacto visual causado por inclusões escuras no diamante. Este é perfurado pelo laser, fazendo um túnel que chega na inclusão e a queima até sumir. Porém, o túnel fica na pedra, mas é menos visível a olho nu do que uma inclusão escura.

Observação: Todos os tratamentos mencionados podem ser detectados pela análise da gema com lupa de 10x de aumento, e alguns com a ajuda de análise de laboratório especializado.

> É importantíssimo saber se uma gema foi tratada antes de ser trabalhada; e é necessário que essa informação seja passada adiante.

Tipos de gemas

Importantíssimas na criação de uma joia, as gemas podem ser divididas nos seguintes grupos: naturais inorgânicas, naturais orgânicas, sintéticas, artificiais, compostas, revestidas e reconstituídas.

GEMAS NATURAIS INORGÂNICAS (ORIGEM MINERAL)

A Terra, como já se sabe, está em constante transformação. O estresse causado por essas movimentações faz com que os elementos químicos presentes ali se juntem e se organizem formando as gemas e minerais. É possível classificar as gemas em grupo, espécie e variedade.

❖ **Grupo** • algumas famílias minerais apresentam características variáveis, por exemplo, granada e turmalina.

❖ **Espécie** • dentro do grupo, algumas gemas têm características bastante similares, por exemplo, a andradita é uma espécie de granada.

❖ **Variedade** • as características da espécie são constantes e mudam apenas a cor, por exemplo, o rubi é uma variedade de coríndon.

DIAMANTES • Considerado o rei das gemas, é um mineral composto unicamente de carbono (C). É a gema de maior dureza — 10 na escala Mohs —, com brilho intenso e excelentes propriedades óticas. Não reage a produtos químicos, permanecendo estável à luz do dia e sem pleocroísmo. Normalmente, apresenta-se nas cores amarelo, incolor, cinza, champanhe, marrom claro, azul, verde, rosa, laranja, vermelho e roxo, podendo ser de transparente a opaco.

O sistema de classificação dos diamantes — desenvolvido pelo Gemological Institute of America (GIA) — utilizado no mercado é baseado no chamado 4Cs:

> Carat = peso / Color = cor / Clarity = pureza / Cut = lapidação

❖ *Carat* é o peso do diamante, expresso em quilates. Um quilate equivale a 0,2 grama.

❖ *Color* é a cor do diamante. Existem, na natureza, diamantes de praticamente todas as cores. Os mais frequentes têm cor amarelada, e os mais raros são os incolores, que podem variar na sua nitidez.

Classificação de cor de diamante

GIA	ABNT/BRASIL - DNPM/IBGM	IDC/HRD
D	Excepcionalmente incolor extra	Exceptional white+
E	Excepcionalmente incolor	Exceptional white
F	Perfeitamente incolor	Rare white+
G	Nitidamente incolor	Rare white
H	Incolor	White
I	Cor levemente perceptível	Slightly tinted white
J	Cor perceptível	
K	Cor levemente visível	Tinted white
L	Cor visível	
M	Cor levemente acentuada	
N		
O		Tinted
P		
Q	Cor acentuada	
R		
S-Z		

GIA: *Gemological Institute of America* • DNPM/IBGM: *Departamento Nacional de Produção Mineral / Instituto Brasileiro de Gemas e Metais Preciosos* • IDC: *Internacional Diamond Council* • HRD: *Hoge Raad voor Diamant/ Diamond High Council*

❖ *Clarity* é a pureza do diamante; indica a presença ou não de inclusões. O diamante com qualidade deve ser extremamente puro, aquele no qual não se consegue perceber nenhuma inclusão. Quanto mais puro for o diamante, mais valioso será.

Classificação de pureza de diamante

GIA	CIBJO	DNPM/IBGM
Flawless	Puro à lupa	Internamente e externamente puro
IF (Internal Flawless)	Puro à lupa	Internamente livre de inclusões
VVS1 e VVS2	VVS: inclusões muitíssimo pequenas	Inclusão ou inclusões pequeníssimas, muito difíceis de serem visualizadas à lupa de 10x
VS1 e VS2	VS1 e VS2	Inclusões muito pequenas, difíceis de serem visualizadas com a lupa de 10x
SI1 e SI2	SI1 e SI2	Inclusões pequenas, fáceis de serem visualizadas com a lupa de 10x
I1	P1	Inclusões evidentes com a lupa de 10x
I2	P2	Uma inclusão grande ou inúmeras inclusões menores, fáceis de serem visualizadas a olho nu
I3	P3	Uma inclusão grande ou inúmeras inclusões menores, muito fáceis de serem visualizadas a olho nu

CIBJO: *Confédération Internationale de la Bijouterie, Joaillerie et Orfèvrerie*

❖ *Cut* é o tipo de lapidação, forma, proporção, simetria e acabamento, que influencia diretamente no brilho da gema. A lapidação brilhante completa é a mais conhecida e, muitas vezes, confundida com o nome do próprio mineral, sendo realizada apenas em diamantes redondos. Pode-se encontrar, também, a lapidação 8 x 8, princess (formato quadrado), navette, degrau, entre outras.

GEMAS DE COR • São considerados quatro fatores de base em sua classificação: peso, cor, pureza e lapidação.

❖ **Peso:** o peso da gema é expresso em quilates. Um quilate equivale a 0,2 grama.

❖ **Cor:** a cor da gema tem importância fundamental nessa classificação.

❖ **Pureza:** refere-se à presença ou ausência de inclusões ou imperfeições, as quais afetam a transparência e a beleza da gema.

❖ **Lapidação:** trata do tipo de lapidação e acabamento.

A valorização de uma gema se estabelece por sua beleza, raridade, durabilidade, tradição e moda.

CORÍNDON • Mineral à base de óxido de alumínio, com valor 9 de dureza na escala de Mohs. É transparente e pode se apresentar em diversas cores dependendo das impurezas em sua matriz. O coríndon de coloração vermelha é o rubi, e o azul é a safira.

Rubi

❖ Uma das gemas de cor mais valiosas.
❖ Cor: vermelha, pode variar de acordo com a jazida. É possível encontrar um vermelho alaranjado, vermelho arroxeado e até vermelho amarronzado. Com frequência, ocorrem inclusões.
❖ Apresenta pleocroísmo forte.
❖ Possui asterismo.
❖ Transparência: de transparente a opaco.
❖ Variedades: rubi estrela.
❖ Quando submetida ao calor, sua cor melhora.
❖ Permanece estável à luz do dia.
❖ Reação com produtos químicos: o polimento, se fervido em algumas soluções, pode ser perdido.

Safira

❖ Cores variadas; apresenta-se em vários tons de azul, incolor, rosa, violeta, laranja, amarelo, verde, marrom, negro.
❖ Possui asterismo.
❖ Transparência: de transparente a opaca.
❖ Variedades: safira estrela.
❖ Quando submetida ao calor, sua cor pode ser melhorada ou removida totalmente.
❖ Permanece estável à luz do dia.
   Reação com produtos químicos: o polimento, se fervido em algumas soluções, pode ser perdido.

BERILO • Mineral com dureza de 7,5 a 8, apresenta brilho vítreo, podendo ser de transparente a opaco. Existe uma variedade de berilos utilizados como gemas e de diversas cores, tais como: verde, amarelo-esverdeado, amarelo, róseo, verde-escuro, azul e incolor. Os mais conhecidos e valorizados são a esmeralda (verde profundo) e água-marinha (azul). Há, ainda, berilos denominados berilo dourado, goshenita, heliodoro e morganita.

Esmeralda

❖ Considerada a variedade do berilo mais valiosa.
❖ Cor: verde profundo, mas é possível encontrar também em tons de verdes mais claros. Fissuras e inclusões são comuns.
❖ Transparência: de transparente a translúcido.
❖ Variedades: esmeralda trapiche.
❖ Quando submetida ao calor, pode sofrer fraturas ou quebra total.
❖ À luz do dia, as esmeraldas permanecem estáveis. Porém, algumas gemas tratadas podem perder a cor.
❖ Reações com produtos químicos: resistente a todos os ácidos, exceto o ácido fluorídrico.

Água-marinha

❖ Cor: várias tonalidades de azul, sendo o mais valioso o azul-escuro. Encontra-se, também, um tom verde bem claro. Pode sofrer tratamento térmico para se obter um azul mais forte.
❖ Transparência: de transparente a translúcida.

- ❖ Variedades: água-marinha olho-de-gato.
- ❖ Quando submetida ao calor, não se altera, a menos que contenha inclusões líquidas.
- ❖ À luz do dia, a água-marinha permanece estável.
- ❖ Reações com produtos químicos: resistente a todos os ácidos, exceto o ácido fluorídrico.

Morganita

- ❖ Cor: berilo de cor rosa a violeta.
- ❖ Transparência: de transparente a opaca.
- ❖ Quando submetida ao calor, permanece estável até a temperatura de 400°C.
- ❖ À luz do dia, a morganita permanece estável.
- ❖ Reações com produtos químicos: resistente a todos os ácidos, exceto o ácido fluorídrico.

Outros Berilos

- ❖ Goshenita: incolor.
- ❖ Heliodoro: amarelo-esverdeado ou marrom amarelado.
- ❖ Bixbita: vermelho.
- ❖ Berilo dourado: amarelo.

CRISOBERILO • Terceira pedra preciosa de maior dureza com 8,5, inferior apenas às do diamante e às do coríndon (rubi e safira). Os mais conhecidos crisoberilos são a alexandrita e o crisoberilo olho-de-gato.

Crisoberilo olho-de-gato

- ❖ Denominado assim por causa de seu efeito que lembra a pupila do olho de um gato.
- ❖ Cor: amarelo-claro e médio, verde amarelado, verde acinzentado, marrom amarelado.
- ❖ Possui acatassolamento (olho-de-gato).
- ❖ Transparência: de transparente a opaco.
- ❖ Quando submetido ao calor, permanece estável.
- ❖ À luz do dia, o crisoberilo também não se altera.
- ❖ Reações com produtos químicos: não possui reação.

Alexandrita

❖ Cor: na luz do dia, possui cor verde amarelada, amarronzada, acinzentada. Com luz artificial, apresenta um vermelho alaranjado, roxeado e amarronzado.

❖ Transparência: transparente.

❖ Quando submetida ao calor, permanece estável.

❖ À luz do dia, a alexandrita também não se altera.

❖ Reações com produtos químicos: não possui reação.

TOPÁZIO • Mineral bastante utilizado em joalheria com cores variadas: de azul-claro a tons mais fortes, incolor, amarelo, alaranjado, rosa, vermelho, pêssego etc. Apresenta pleocroísmo de fraco a moderado; quando submetido a rápido aquecimento ou resfriamento, ocorrem fraturas internas. À luz do dia e sob forte calor, sua cor pode ser alterada ou até perdida. É atacado muito levemente por ácidos.

Topázio azul

❖ Uma variedade de tons azuis.

Topázio imperial

❖ Nas cores amarelo, pêssego, vermelho violáceo, rosa, alaranjado.

Topázio incolor

❖ Incolor.

❖ Transparência: transparente.

❖ Quando submetido a rápido aquecimento ou resfriamento, são causadas fraturas internas. Sob forte calor, pode alterar ou perder sua cor.

❖ À luz do dia, alguns topázios de cor marrom podem ter as cores alteradas.

❖ Reações com produtos químicos: atacados muito levemente por ácidos.

TURMALINA • Gema com a maior gama de cores. Em um mesmo cristal, é possível encontrar duas ou mais tonalidades.

Rubelita

❖ Cor: rosa, avermelhada.

❖ Transparência: de translúcida a opaca. As transparentes são raras.

❖ Funde facilmente quando submetida ao calor do maçarico.

❖ À luz do dia, permanece estável.

❖ Reações com produtos químicos: atacada levemente por ácidos.

Verdelita

❖ Cor: verde, em diversas tonalidades.

❖ Transparência: de transparente a opaca.

❖ Quando submetida ao calor, sua cor pode ser alterada. É possível que mudanças bruscas de temperatura causem fraturas.

❖ À luz do dia, permanece estável.

❖ Reações com produtos químicos: não possui reação.

Indigolita ou Indicolita

❖ Cor: azul, em diversos tons; desde o azul violeta até o esverdeada.

❖ Transparência: de transparente a opaca.

❖ Quando submetida ao calor, sua cor pode ser alterada. É possível que mudanças bruscas de temperatura causem fraturas.

❖ À luz do dia, permanece estável.

❖ Reações com produtos químicos: não possui reação.

Turmalina bicolor

❖ Cor: duas ou mais cores distintas.

❖ Transparência: de transparente a opaca.

❖ Quando submetida ao calor, sua cor pode ser alterada. É possível que mudanças bruscas de temperatura causem fraturas.

❖ À luz do dia, permanece estável.

❖ Reações com produtos químicos: não possui reação.

Turmalina paraíba

❖ Cor: azul neon ou fluorescente, azul violáceo, verde, rosa arroxeado.

❖ Transparência: transparente.

❖ Quando submetida ao calor, sua cor pode ser alterada. É possível que mudanças bruscas de temperatura causem fraturas.

❖ À luz do dia, permanece estável.

❖ Reações com produtos químicos: não possui reação.

Turmalina Melancia

❖ Aparência de uma melancia, variando os tons entre rosa, verde, azul e negro.

Outras turmalinas

❖ Schorl: negro.
❖ Acroíta: incolor.
❖ Dravita: amarelo castanho ou castanho-escuro.

GRANADA • Apresenta-se em diversas variedades, com algumas muito resistentes e valiosas. Seu brilho varia entre vítreo e resinoso, podendo ainda ser transparente ou opaca conforme a presença ou ausência de inclusões. As granadas podem ter as seguintes colorações: vermelho, amarelo, marrom, preto, verde ou incolor.

Granada espessartita

❖ Cor: laranja amarelado a laranja avermelhado.
❖ Transparência: transparente.
❖ Quando submetida à mudança bruta de temperatura, pode sofrer fraturas.
❖ À luz do dia, permanece estável.
❖ Reações com produtos químicos: levemente atacada por ácido fluorídrico.

Granada rodolita

❖ Cor: vermelho arroxeado ao roxo avermelhado.
❖ Transparência: transparente.
❖ Quando submetida à mudança bruta de temperatura, pode sofrer fraturas.
❖ À luz do dia, permanece estável.
❖ Reações com produtos químicos: levemente atacada por ácido fluorídrico.

Granada andratita

❖ Cor: preta, marrom e castanho amarelado.
❖ Transparência: de transparente a opaco.
❖ Quando submetida à mudança bruta de temperatura, pode sofrer fraturas.
❖ À luz do dia, permanece estável.
❖ Reações com produtos químicos: levemente atacada por ácido fluorídrico.

Granada piropo

❖ Cor: vermelho intenso, vermelho alaranjado claro a escuro, castanho, vermelho arroxeado.
❖ Transparência: de transparente a semitranslúcida (para as gemas mais escuras).
❖ Funde facilmente quando submetida ao calor do maçarico, podendo sofrer fraturas quando há mudanças de temperatura.
❖ À luz do dia, permanece estável.
❖ Reações com produtos químicos: levemente atacada por ácido fluorídrico.

Granada almandina

❖ Cor: vermelho violáceo, vermelho alaranjado, normalmente possui tonalidade escura.
❖ Transparência: de transparente a semitranslúcida (para as gemas mais escuras).
❖ Quando submetida a mudanças de temperatura, pode sofrer fraturas.
❖ À luz do dia, permanece estável.
❖ Reações com produtos químicos: levemente atacada por ácido fluorídrico.

Outras granadas

❖ Uvarita: verde-esmeralda.
❖ Demantoide: tons de verde (granada mais valiosa).
❖ Hessonita: castanho alaranjado.
❖ Leucogranada: incolor.

QUARTZO • É apresentado em diversas variedades e tal denominação se aplica aos minerais que possuem, em sua composição química, o dióxido de silício (SiO_2) ou sílica hidratada ($SiO_2.nH_2O$). Dividido em duas famílias: quartzo macrocristalino, que se caracteriza por possuir cristais percebidos a olho nu, e quartzo microcristalino, que possui cristais microscópicos.

QUARTZO MACROCRISTALINO • Também conhecido como policristalino, constitui-se de vários pequenos cristais de quartzo, que aparentemente formam uma massa maciça; não apresenta, em sua forma externa, estrutura cristalina, favorecendo o uso para entalhes e esculturas. Aceita bem o tratamento de coloração com tintura.

Cristal de rocha

❖ Cor: incolor.
❖ Apresenta iridescência.
❖ Transparência: transparente.
❖ Quando submetido a mudanças de temperatura, pode fraturar.
❖ À luz do dia, permanece estável.
❖ Reações com produtos químicos: atacado por ácido fluorídrico e fluoreto de amônia.

Ametista

❖ Cor: várias tonalidades de roxo.
❖ Transparência: normalmente transparente, podendo encontrar uma variedade um pouco translúcida.
❖ Quando submetida a temperaturas elevadas, a gema pode se tornar incolor. Em temperaturas brandas, sua cor também sofre mudanças, clareando. É possível ocorrerem fraturas quando submetida a mudanças de temperatura.
❖ Com a luz do dia, pode clarear e também recuperar a cor e intensificá-la por meio de radiação.
❖ Reações com produtos químicos: atacada por ácido fluorídrico e fluoreto de amônia.
❖ Variedades: ametrina e quartzo ametista.

Ametrina ❖ citrino com ametista, havendo, na mesma gema, as duas cores, amarelo e violeta.
Quartzo ametista ❖ cor violeta, com veios esbranquiçados.

Citrino

❖ Cor: variação do amarelo, que vai do claro até o amarelo-pardo e dourado. Os citrinos de cor natural são raros. A maioria deles encontrada no mercado é de ametistas queimadas. Existem citrinos que são tratados termicamente, intensificando sua cor.
❖ Transparência: transparente.
❖ Quando submetido a temperaturas elevadas, a gema pode se tornar incolor. É possível ocorrerem fraturas quando submetido a mudanças de temperatura.
❖ À luz do dia, permanece estável.
❖ Reações com produtos químicos: atacado por ácido fluorídrico e fluoreto de amônia.

Prasiolita

- ❖ Cor: gema de cor verde-oliva é o resultado do tratamento térmico de ametistas.
- ❖ Transparência: transparente.
- ❖ Quando submetida a temperaturas elevadas, a gema pode alterar ou perder totalmente a cor. É possível ocorrerem fraturas quando submetida a mudanças de temperatura.
- ❖ À luz do dia, permanece estável.
- ❖ Reações com produtos químicos: atacada por ácido fluorídrico e fluoreto de amônia.

Quartzo rosa

- ❖ Cor: tons de rosa, normalmente com tonalidades mais claras.
- ❖ Apresenta asterismo e acatassolamento.
- ❖ Transparência: de semitransparente a translúcido.
- ❖ Quando submetido a temperaturas elevadas, a gema pode alterar ou perder totalmente a cor. É possível ocorrerem fraturas quando submetido a mudanças de temperatura.
- ❖ Com a luz do dia, pode perder a cor.
- ❖ Reações com produtos químicos: atacado por ácido fluorídrico e fluoreto de amônia.

Quartzo fumê

- ❖ Cor: pardo, amarronzado, de tons claros a bem escuros.
- ❖ Apresenta iridescência.
- ❖ Transparência: de transparente a opaco.
- ❖ Quando submetido a temperaturas elevadas, a gema pode alterar ou perder totalmente a cor. É possível ocorrerem fraturas quando submetido a mudanças de temperatura.
- ❖ À luz do dia, permanece estável.
- ❖ Reações com produtos químicos: atacado por ácido fluorídrico e fluoreto de amônia.

Quartzo rutilado

- ❖ Cor: normalmente incolor, possui inclusões em forma de agulha de cores amarela, preta, avermelhadas e com um brilho metálico.
- ❖ Pode ocorrer acatassolamento em virtude de rutilos.
- ❖ Transparência: normalmente transparente.
- ❖ É possível ocorrerem fraturas quando submetido a mudanças de temperatura.

- ❖ À luz do dia, permanece estável.
- ❖ Reações com produtos químicos: atacado por ácido fluorídrico e fluoreto de amônia.

Quartzo dendrita

- ❖ Cor: incolor, amarronzado, acinzentado ou esbranquiçado, apresenta inclusões (de ferro e manganês) de cores variadas, formando desenhos que lembram árvores e paisagens. Cada desenho é único.
- ❖ Transparência: de transparente a translúcido.
- ❖ Quando submetido ao calor, pode mudar de cor. É possível ocorrerem fraturas quando submetido a mudanças de temperatura.
- ❖ À luz do dia, permanece estável.
- ❖ Reações com produtos químicos: atacado por ácido fluorídrico.

Quartzo turmalinado

- ❖ Cor: normalmente incolor, possui inclusões de turmalinas verde-escuras ou pretas.
- ❖ Transparência: transparente.
- ❖ Podem ocorrer fraturas quando submetido a mudanças de temperatura.
- ❖ À luz do dia, permanece estável.
- ❖ Reações com produtos químicos: atacado por ácido fluorídrico e fluoreto de amônia.

Quartzo verde

- ❖ Cor: verde e verde amarelado.
- ❖ Transparência: de transparente a translúcido.
- ❖ Quando submetido ao calor forte, pode alterar de cor ou perdê-la totalmente. É possível ocorrerem fraturas mediante mudanças de temperatura.
- ❖ À luz do dia, pode perder a cor.
- ❖ Reações com produtos químicos: atacado por ácido fluorídrico e fluoreto de amônia.

Green gold

São quartzos incolores que, depois de tratamento de irradiação, apresentam uma cor verde amarelada ou verde amarronzada. Encontra-se também o quartzo bicolor verde amarelado e marrom.

Quartzo negro

QUARTZO MICROCRISTALINO OU CRIPTOCRISTALINO • Apresentam variedades opacas ou translúcidas, enquanto as macrocristalinas são, em geral, transparentes.

Crisoprásio

- ❖ Cor: verde amarelado, de claro a médio.
- ❖ Transparência: semitransparente a translúcido.
- ❖ Quando submetido ao calor, muda de cor.
- ❖ À luz do dia, permanece estável.
- ❖ Reações com produtos químicos: atacado por ácido fluorídrico e ácido nítrico.

Ágata

- ❖ Cor: variada, normalmente cinza, branco, marrom e vermelho. Possui faixas ou camadas de cores, espessuras e desenhos diversos. No mercado, são encontradas ágatas com vários nomes, de acordo com o desenho ou estrutura da camada. As ágatas podem receber processo de coloração por meio do tingimento.
- ❖ É possível que apresente iridescência.
- ❖ Transparência: de semitransparente a opaco.
- ❖ Quando submetida ao calor, muda de cor.
- ❖ À luz do dia, permanece estável.
- ❖ Reações com produtos químicos: atacada por ácido fluorídrico e ácido nítrico.

Geodo (drusa)

Formação rochosa com cristais em seu interior; em geral, cristais de quartzo, ametista e calcita.

- ❖ Cor: diversas, as mais comuns são o branco, cinza, marrom, preto, amarelo e laranja. Pode receber tingimento para alcançar tonalidades mais fortes.

Cornalina (calcedônia)

❖ Cor: laranja, vermelho alaranjado, laranja amarronzado, vermelho castanho.
❖ Transparência: de semitransparente a translúcida.
❖ Quando submetida ao calor, muda de cor.
❖ À luz do dia, permanece estável.
❖ Reações com produtos químicos: atacada por ácido fluorídrico e ácido nítrico.

Jaspe (calcedônia)

❖ Cor: diversas, normalmente encontrado nas cores amarelo, vermelho, marrom, apresentando faixas ou manchas.
❖ Transparência: de translúcido a opaco.
❖ Quando submetida a temperaturas altas, pode alterar de cor.
❖ À luz do dia, permanece estável.
❖ Reações com produtos químicos: atacado por ácido fluorídrico e ácido nítrico.

Outros quartzos

❖ Olho de falcão: quartzo opaco azul acinzentado e azul esverdeado; apresenta acatassolamento.
❖ Olho de tigre: quartzo opaco amarelo dourado e pardo com faixas; apresenta acatassolamento.
❖ Calcedônia: gema leitosa, de cor azulada, branca e cinzenta; pode ser opaca ou translúcida.
❖ Olho-de-gato: quartzo opaco; pode ser branco, pardo, cinza, verde e amarelo.
❖ Ônix: composto de camadas paralelas de cores diferentes, podendo ser branco e preto.

FELDSPATO • Dividido em dois grupos principais na produção de gemas: feldspatos potássicos e feldspatos sódico-cálcicos (plagioclásios). Entre os mais importantes é possível destacar:

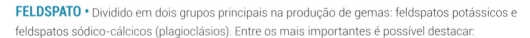

Pedra da lua (adulária)

❖ Cor: normalmente incolor e esbranquiçada, pode ser encontrada nas cores verde, laranja, amarelo e cinza.
❖ Apresenta adularescência, asterismo (olho-de-gato) e acatassolamento.
❖ Transparência: de transparente a opaca.
❖ Quando submetida a temperaturas altas, pode fraturar.
❖ À luz do dia, permanece estável.
❖ Reações com produtos químicos: atacada por ácido fluorídrico.

Labradorita

- ❖ Cor: cinza, negro, verde, amarelo, marrom, incolor e alaranjado.
- ❖ Apresenta labradorescência e, em alguns casos, asterismo.
- ❖ Transparência: de transparente a opaca.
- ❖ Quando submetida a temperaturas altas, pode fraturar.
- ❖ À luz do dia, permanece estável.
- ❖ Reações com produtos químicos: atacada por ácido fluorídrico e levemente pelo ácido clorídrico.

Amazonita

- ❖ Cor: verde-claro, verde azulado, branco, alaranjado e rosa.
- ❖ Transparência: de semitranslúcida a opaca.
- ❖ Quando submetida a temperaturas altas, pode ter a cor alterada e fraturar.
- ❖ À luz do dia, permanece estável.
- ❖ Reações com produtos químicos: atacada por ácido fluorídrico.

Pedra do sol (oligoclásio)

- ❖ Cor: marrom alaranjado e avermelhado; possui inclusões de cristais vermelhos e laranjas, o que proporciona um brilho metálico à pedra.
- ❖ Apresenta aventurescência.
- ❖ Transparência: de translúcida a opaca.
- ❖ Quando submetida ao calor do maçarico, pode fraturar.
- ❖ À luz do dia, permanece estável.

Andaluzita

- ❖ Cor: verde, amarronzado, amarelado, alaranjado.
- ❖ Apresenta pleocroísmo forte em tons de verde, marrom, laranja e vermelho.
- ❖ Transparência: de transparente a opaca.
- ❖ Quando submetida ao calor, permanece estável.
- ❖ À luz do dia, permanece estável.
- ❖ Não reage a produtos químicos.

Fluorita

- ❖ Cor: incolor, amarelo, laranja, rosa, azul, verde, marrom, púrpura, violeta. Encontra-se com frequência mais de uma cor na mesma gema, distribuídas em faixas.
- ❖ Apresenta mudança de cor.
- ❖ Transparência: de transparente a translúcida.
- ❖ Quando submetida a calor, pode alterar a cor e fraturar.
- ❖ À luz do dia, permanece estável.
- ❖ Reações com produtos químicos: atacada por ácido sulfúrico.
- ❖ Pedra extremamente macia e frágil, riscada facilmente.

ZOISITA • Apresentada em diversas variedades, tais como: tanzanita, thulita e aniolito. A tanzanita é a mais procurada.

Tanzanita

- ❖ Cor: de azul a violeta, roxo azulado, marrom, verde, amarelo e rosa.
- ❖ Apresenta pleocroísmo forte em tons azul, vermelho, roxo, marrom, verde, amarelo-esverdeado.
- ❖ Transparência: de transparente a opaca.
- ❖ Quando submetida ao calor do maçarico, pode fundir. Quando ocorrem mudanças rápidas de temperatura, pode fraturar.
- ❖ À luz do dia, permanece estável.
- ❖ Reações com produtos químicos: atacada por ácidos clorídrico e fluorídrico.

OLIVINA • Em geral, apresenta-se na cor verde-oliva ou amarelo-claro, além de avermelhada em razão da oxidação do ferro. São chamadas peridoto as utilizadas como gemas na joalheria.

Peridoto

- ❖ Cor: verde-oliva, verde amarelado, verde amarronzado.
- ❖ Transparência: de transparente a translúcido.
- ❖ Quando submetido ao calor, pode fraturar.
- ❖ À luz do dia, permanece estável.
- ❖ Reações com produtos químicos: atacado facilmente por ácidos sulfúrico e soluções de decapagem.

CORDIERITA (ou iolita)

- ❖ Cor: azul-claro, azul-escuro, violeta.
- ❖ Possui pleocroísmo forte, em tons violeta, azul, amarelo, incolor e marrom.
- ❖ Transparência: de transparente a translúcida.

- ❖ Quando submetida ao calor, pode fundir.
- ❖ À luz do dia, permanece estável.
- ❖ Reações com produtos químicos: atacada por ácidos.

APATITA

- ❖ Cor: azul, verde, amarelo, roxo, incolor, rosa, marrom e violeta.
- ❖ Em alguns casos, apresenta pleocroísmo forte, principalmente em gemas azuis.
- ❖ Apresenta acatassolamento.
- ❖ Transparência: de transparente a translúcida.
- ❖ Quando submetida ao calor, pode perder a cor.
- ❖ À luz do dia, permanece estável.
- ❖ Reações com produtos químicos: atacada por ácidos clorídrico e sulfúrico.

LAZULITA (família do feldspatoide) • Recebe esse nome porque seus cristais têm coloração de um azul intenso.

Lápis-lazúli

- ❖ Cor: azul médio a escuro, com veios de calcita e pirita amarelo metálico.
- ❖ Transparência: de semitranslúcido a opaco.
- ❖ Quando submetido ao calor em excesso, pode mudar de cor.
- ❖ À luz do dia, permanece estável.
- ❖ Reações com produtos químicos: atacado por ácido clorídrico, e as soluções de cianeto causam descoloração.

SODALITA

- ❖ Cor: azul médio a escuro, azul violeta, com veios brancos.
- ❖ Transparência: de translúcida a opaca.
- ❖ Quando submetida ao calor, funde produzindo um vidro incolor.
- ❖ À luz do dia, permanece estável.
- ❖ Reações com produtos químicos: atacada por ácido clorídrico.

MALAQUITA

- ❖ Cor: verde, verde azulado, apresenta faixas de tons verdes a quase preto.
- ❖ Transparência: opaca.
- ❖ Sensível ao calor.
- ❖ À luz do dia, permanece estável.
- ❖ Reações com produtos químicos: atacada por ácidos.

CRISOCOLA
❖ Cor: verde azulado, com manchas amarronzadas.
❖ Transparência: opaca.

TURQUESA
❖ Cor: tons de azul-claro e médio, azul esverdeado, podendo apresentar manchas ou veios escuros.
❖ Transparência: de semitranslúcida a opaca.
❖ Quando submetida ao calor, perde a cor e pode estourar.
❖ À luz do dia, permanece estável.
❖ Reações com produtos químicos: atacada levemente por ácido clorídrico, podendo descolorir por líquidos de densidade, suor e cosméticos.

RODONITA
❖ Cor: rosa amarronzado, vermelho arroxeado, com manchas e veios negros.
❖ Transparência: de translúcida a opaca.
❖ Quando submetida ao calor do maçarico, funde-se facilmente.
❖ À luz do dia, permanece estável.
❖ Reações com produtos químicos: atacada levemente por ácidos.

RODOCROSITA
❖ Cor: rosa, com faixas brancas, rosa escuro, cinza, marrom e amarelo.
❖ Transparência: de translúcida a opaca.
❖ Submetida ao calor do maçarico, quebra-se.
❖ À luz do dia, permanece estável.
❖ Reações com produtos químicos: atacada por ácido clorídrico.

OPALA
❖ Cor: branco, cinza, azul, verde, laranja, negro, incolor, vermelho.
❖ Variedades: opala nobre, opala comum, opala de fogo, opala negra.
❖ Apresenta opalescência, uma irisação em forma de arco-íris.
❖ Transparência: de transparente a opaca.
❖ Muito sensível ao calor. Quando submetida ao calor, pode perder água. É possível que mudanças de temperatura causem fraturas.
❖ À luz do dia, permanece estável.

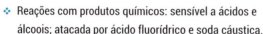

❖ Reações com produtos químicos: sensível a ácidos e álcoois; atacada por ácido fluorídrico e soda cáustica.
❖ Normalmente, contém de 5% a 10% de água, que, com o tempo, pode secar e rachar. Pedra muito sensível à pressão e a golpes.

Opala australiana

PIRITA • Conhecida como ouro dos tolos.

❖ Cor: amarelo acinzentado.

❖ Transparência: opaca.

❖ Quebra com facilidade e sofre alteração quando submetida ao calor do maçarico.

❖ À luz do dia, permanece estável.

HEMATITA

❖ Cor: cinza escuro.

❖ Transparência: opaca.

❖ Quando submetida ao calor, torna-se magnética.

❖ À luz do dia, permanece estável.

❖ Reações com produtos químicos: atacada por ácido clorídrico.

GEMAS NATURAIS ORGÂNICAS

Bastante valorizadas, elas podem ser de origem animal ou vegetal.

PÉROLAS • São encontradas praticamente prontas na natureza e não precisam ser lapidadas; consideradas uma das gemas mais valiosas. Existe pérola de água-doce e de água salgada, podendo ser natural ou cultivada.

Pérolas naturais • Originam-se naturalmente, sem qualquer interferência do homem. Formam-se dentro de crustáceos, em geral ostras e mariscos, como defesa natural a um corpo estranho (por exemplo, um grão de areia). Camadas de nácar ou de madrepérola (substância calcária, aragonita) acumulam-se de forma gradual, envolvendo o corpo estranho e criando uma pérola sólida.

Pérolas cultivadas • Formadas com interferência do homem. O cultivador insere um corpo estranho fazendo uma incisão na pele entre o molusco e a concha. Depois, a concha é colocada em gaiolas submersas em água-doce ou salgada, onde ocorre a produção do nácar.

A temperatura da água, o tamanho da ostra, a localização, o tamanho do núcleo aplicado e o tempo em que a pérola permanece dentro da ostra influenciam o tamanho e a qualidade da pérola. O tempo aproximado para o desenvolvimento do nácar ao redor do núcleo é de três anos.

Avaliação das pérolas • Elementos considerados: forma, cor, tamanho e brilho.

❖ Forma: em geral esféricas, semiesféricas (bouton) e irregulares (barrocas).

❖ Cor: branco, creme, rosa, dourado, verde, azul, negro e cinza prateado.

❖ Tamanho: bastante variado.

❖ Brilho: proveniente do depósito de aragonita e das membranas de conchiolina; apresenta superfície de fosca a quase metálica.

Pérolas encontradas no mercado • Atualmente, 90% delas são cultivadas. As mais comuns são:

❖ Pérola biwa.

❖ Pérola arroz.

❖ Pérola do Taithi.

❖ Pérola blister.

❖ Pérola mabe ou pérola composta.

Tratamento recebido pelas pérolas

❖ Tingidura: altera a cor da pérola ou esconde possíveis manchas.

❖ Branqueamento: branqueia possíveis pontos escuros e manchas.

❖ Irradiação: branqueia e produz pérolas com tons mais escuros (negro, azul e cinza).

Cuidado com as pérolas

❖ São atacadas por todos os ácidos. Em caso de joias que precisam de banho eletrolítico, esse procedimento deve ser feito antes de se colar a pérola.

❖ Sensíveis à transpiração, cosméticos, perfumes, spray de cabelo. Por isso, deve-se evitar o contato com tais produtos.

❖ Com o calor intenso, queimam, podendo rachar ou fraturar. Para utilizar o maçarico, é preciso antes retirar a pérola da joia.

❖ Evitar exposição prolongada sob lâmpadas, pois elas podem sofrer desidratação e fraturar o nácar.

❖ Devem ser guardadas separadamente, evitando o atrito com metais, já que têm baixa dureza e se danificam com facilidade.

❖ Sob a luz do dia, permanecem estáveis.

MADREPÉROLA • Também conhecida como nácar, é uma substância calcária brilhante, produzida por diversos moluscos. Há uma grande variedade de formas, tamanhos e cores de conchas, cuja parte interna é nacarada. Apresenta iridescência e jogo de cores, denominado oriente, e é encontrada em geral nas cores branco, cinza, marrom, amarelo e rosa, demons-

trando mais cores sob tingidura. Quando submetida ao calor do ma-çarico, ela escurece; por ser sensível aos ácidos, em caso de joias que precisam de banho eletrolítico, o procedimento deve ser feito antes de se colar a madrepérola.

Bastante utilizada na joalheria em razão de seu brilho perolado, sendo lapidada em forma de chapa, cabochão e, muitas vezes, esculpida em formatos diversos como flores e camafeus.

ABALONE (madrepérola de paua) • Produzida por um molusco chamado ha-liotis, é também conhecida como opala do mar. Apresenta aparência clara e transparente, com feixes de luz que podem ser de diferentes cores (irides-cência), principalmente o verde e o azul. Normalmente lapidada em forma de chapas e cabochão, trata-se de uma pedra muito utilizada na joalheria e em objetos decorativos. Por ser sensível a todos os ácidos, em caso de joias que precisam de banho eletrolítico, o procedimento deve ser feito antes de se colar a gema.

CORAL • Constituído de restos de esqueletos de animais marinhos (pólipos), ele se forma prin-cipalmente em águas rasas, tranquilas e límpidas. Existem dois tipos de coral: um composto de carbonato de cálcio (calcário), e o outro de conchiolina, uma substância fabricada por molusco.

CALCÁRIO

A maioria dos corais é formada por carbonato de cálcio, ferro e manganês. É lapidado na forma de esferas, cabochão e esculpido como camafeus ou utilizado em ramos. Por ser atacado por todos os ácidos, em caso de joias que precisam de um banho eletrolítico, o procedimento deve ser feito antes de se colar o coral. Com o calor do maçarico, escurece, danificando a gema.

O coral calcário se apresenta nas cores do rosa claro ao vermelho escuro, laran-ja, branco, creme e, ocasionalmente, azul ou púrpura. O vermelho é o mais conheci-do e usado na joalheria; o rosa claro, também chamado pele de anjo, é o mais raro e valioso. Inicialmente, o coral é opaco, porém apresenta um brilho vítreo quando polido e pode receber tratamentos de tingidura para escurecer ou alterar a cor.

Coral (conchiolina): é composto de uma substância chamada conchiolina. É facilmente atacado por ácidos e queima quando submetido ao calor. Apresenta-se negro, marrom escuro e amarelo (dourado). O coral negro, em extinção, é muitas vezes chamado coral do rei.

ÂMBAR • Embora seja usado para ornamentar joias, trata-se de uma resi-na fossilizada de árvores. Geralmente, ocorre em nódulos ou como placas de formatos irregulares; em seu interior, podem ser encontrados insetos e plantas. A substância é trabalhada na forma de contas, placas, cabochão;

esculpida ou até mesmo no seu formato de origem. Tratamentos de aquecimento realçam sua cor e sua tingidura, podendo escurecer sob a luz do dia. É atacado por todos os ácidos e queima quando submetido ao calor do maçarico.

- ❖ Cor: amarelo dourado, laranja dourado, marrom castanho, além de verde, vermelho, violeta e negro.
- ❖ Transparência: de transparente a translúcido, com brilho de resinoso a vítreo.

GEMAS SINTÉTICAS

Produzidas em laboratórios, são feitas a partir das substâncias de gemas naturais correspondentes, que podem ser pulverizadas, fundidas, dissolvidas e recristalizadas por meio de diversos métodos. Suas propriedades físicas, químicas e óticas assemelham-se bastante às das gemas naturais. As diferenças, muitas vezes, só são percebidas com microscópio.

Entre os métodos de reprodução, destacam-se: fusão seca ou método Verneuil (1890); utilizado na produção de coríndons e espinélios sintéticos; método Czochralski (1918); método Flux (1940); método Hidrotermal (1959); método de alta pressão e temperatura (1955), utilizado para a criação de diamante sintético.

GEMAS ARTIFICIAIS

Também produzidas em laboratório, não são, porém, feitas a partir de gemas naturais correspondentes, mas apresentam propriedades óticas interessantes para uso na joalheria. Algumas, muito semelhantes às gemas naturais, são usadas como imitação.

Entre as gemas sintéticas e artificiais mais utilizadas como imitação do diamante estão: zircônia cúbica, YAG, titanato de estrôncio e a moissanita sintética, a mais perfeita imitação produzida em laboratório.

Zircônia cúbica
- ❖ Cor: incolor, rosa, azul, amarelo, alaranjado, vermelho, verde, púrpura, marrom.
- ❖ Transparência: transparente.
- ❖ Sensível a altas temperaturas, não é atacada por ácidos.

GEMAS COMPOSTAS

Criadas pela união de duas ou mais partes de gemas, elas podem ser naturais, artificiais ou sintéticas. Nessa composição, é possível utilizar vidros e cimentos coloridos.

Quando composta de duas partes, são chamadas doublets, e de três partes, triplets.

Opalas doublets - formadas no topo de opala, na base de rocha matriz.

GEMAS REVESTIDAS

Em sua superfície, recebem uma fina camada de material, colorido ou não, por métodos de cristalização, entre outros. Por exemplo: esmeralda revestida.

GEMAS RECONSTITUÍDAS

Produzidas pela fusão parcial ou aglomeração de fragmentos de uma gema já existente. Essa mistura é prensada, tornando-a bem consistente para ser trabalhada e lapidada (por exemplo, turquesa reconstituída, lápis-lazúli reconstituído, âmbar reconstituído).

Lapidação

Técnica para modelar, facetar e polir uma gema. Alguns fatores como forma bruta do cristal, posição das inclusões e local em que a cor está concentrada determinam o tipo de lapidação que a pedra receberá.

LAPIDAÇÃO LISA (Chapa) • Muito utilizada em gemas opacas e translúcidas, em ágatas e também em gemas transparentes. Quanto ao formato, pode ser redonda, oval, gota, quadrada, retangular e triangular.

LAPIDAÇÃO CABOCHÃO • Tipo de lapidação que tem apenas uma faceta: o fundo. É trabalhada frequentemente de três maneiras:

- ❖ uma parte plana e uma convexa
- ❖ as duas partes convexas
- ❖ uma parte convexa e outra côncava

Tipos de cabochões (vista de perfil)

Simples   Duplo convexo   Convexo-côncavo

LAPIDAÇÃO ESFERA • A gema é talhada em forma de esferas (bolas), podendo ter apenas um furo ou furo direto. Pode ser lisa ou facetada.

LAPIDAÇÃO FACETADA • Talha-se, na gema, pequenos planos (facetas). Existem diversos tipos de lapidação com facetas: lapidação brilhante, oito por oito, degrau, tesoura, esmeralda, rosa, meia rosa, briolet, lapidação livre etc. O formato também é bem variado, podendo ser redondo, oval, gota, quadrada (carré), retangular, baguete, triangular, formas livres, entre outras.

❖ **LAPIDAÇÃO BRILHANTE** • Desenvolvida em especial para os diamantes, é composta de 57 ou 58 facetas. Seus ângulos foram minuciosamente estudados para fazer com que toda a luz que entre na pedra seja refletida, voltando pela mesa e assim revelando muito brilho e fogo. Para isso, estabeleceram-se proporções ideais, que, quando seguidas corretamente, resultam numa lapidação perfeita. Adaptada para outros formatos, a lapidação brilhante é utilizada também em outras gemas.

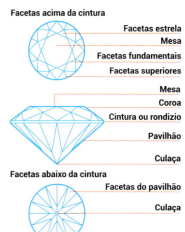

Facetas acima da cintura

Facetas estrela
Mesa
Facetas fundamentais
Facetas superiores

Mesa
Coroa
Cintura ou rondizio
Pavilhão
Culaça

Facetas abaixo da cintura

Facetas do pavilhão
Culaça

Variações da lapidação brilhante.

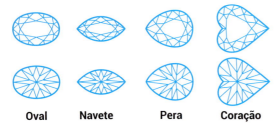

Oval   **Navete**   **Pera**   **Coração**

❖ **LAPIDAÇÃO 8 X 8** • As gemas têm, além da mesa, oito facetas em sua parte superior, e oito na parte inferior nesse tipo de lapidação. Também muito utilizada em diamantes.

❖ **LAPIDAÇÃO DEGRAU** • Há várias lapidações desse tipo, e sua principal característica é que as facetas são lapidadas na coroa e no pavilhão de forma paralela à mesa e ao rondízio. As gemas com essa lapidação têm, em geral, mais facetas na parte inferior.

Variedade da lapidação em degraus. As facetas ficam subdivididas em quatro facetas.

❖ **LAPIDAÇÃO TESOURA OU CRUZADA** • Variação da lapidação degrau em que as facetas se subdividem em quatro.

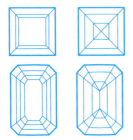

❖ **LAPIDAÇÃO MISTA** • Combinação da lapidação lisa com a de facetas, compreende as duas variedades na mesma pedra, com uma parte lisa e a outra facetada, ou em degraus.

Materiais
alternativos

Na joalheria contemporânea, é cada vez mais valorizado o uso de materiais não convencionais. Existe uma variedade deles sendo utilizados na produção de joias. Pode-se trabalhar o metal com sementes, madeiras, vidros, plásticos, coco, bambu, piaçava, entre outros.

Outros metais não preciosos, tais como cobre, latão e titânio também estão presentes.

É importante lembrar que, na confecção dessas joias, o processo a ser seguido deve levar em conta o material a ser utilizado, pois vários desses materiais não resistem a altas temperaturas e são facilmente atacados por ácidos.

Nesses casos, muitas vezes é preciso fazer uso de solda mecânica (rebites) e colagem para a fixação dos materiais.

Exemplos de peças que utilizam materiais alternativos

Madeira   Piaçava   Semente   Tela com pintura

Vidro

TITÂNIO (coloração de titânio) • Metal de cor acinzentado, leve, porém muito resistente. Possui alto ponto de fusão e, para sua soldagem, é necessário gás argônio.

Bastante utilizado na joalheria em virtude de suas propriedades e pelo fato de apresentar um espectro de cores belíssimo quando submetido a processo eletrolítico ou por aquecimento (maçarico).

❖ **Processo eletrolítico (anodização):** as cores são homogêneas e chapadas. Nesse processo, existe o controle das cores.

❖ **Aquecimento com maçarico:** o controle da cor é mais difícil, e as cores não ficam chapadas. Há a possibilidade de se fazer um degradê.

Essa coloração ocorre por causa da formação de uma espessura de óxidos sobre a superfície do metal, resultando no fenômeno chamado interferência ótica.

Gama de cores possíveis na coloração do titânio:

Amarelo pálido
Ouro palha
Ouro amarronzado
Roxo
Azul arroxeado
Azul profundo
Azul médio
Azul pálido
Azul esverdeado
Verde forte
Verde pálido
Verde dourado
Verde amarronzado
Rosa dourado
Rosa pálido
Marron acinzentado
Cinza opaco

Exemplos de joias com essa técnica

ARTICULAÇÕES E UNIÕES SEM O USO DE SOLDA

Na joalheria, às vezes é preciso recorrer a uniões sem o uso de soldas em virtude do material empregado ou até mesmo pelo tipo de peça e articulação desejada.

O rebite e a união por rosca (parafuso) são as mais conhecidas.

Rebite: consiste em passar um fio ou tubo (charneira), que é forjado nas suas extremidades de modo que não saia, através de dois ou mais orifícios unindo as partes da peça. Existem técnicas diversas para se fazer um rebite.

Roscas: as roscas são feitas em fios (macho) e tubos (fêmea) com uma fieira de parafuso e roscas, que possuem diversas graduações.

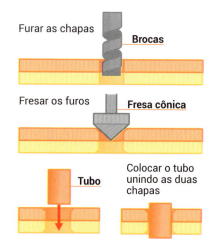

Furar as chapas — Brocas

Fresar os furos — Fresa cônica

Tubo — Colocar o tubo unindo as duas chapas

Ferramentas e
equipamentos

São utilizados na confecção de joias, com características específicas para cada processo.

É muito importante o cuidado dispensado às ferramentas, que devem ser mantidas sempre protegidas e em uma ordem lógica para facilitar o trabalho e diminuir o tempo na produção.

SERRA

Ferramenta de corte utilizada para serrar metais (ouro, prata, cobre, latão etc.) e outros materiais (madeira, acrílico, resina etc.).

O que determina o tamanho da serra a ser usada é a espessura, o tipo de metal a ser serrado e, principalmente, o tipo de trabalho que será executado. Quanto mais fina a serra, mais preciso o corte. As serras mais finas são indicadas para trabalhos com recortes minuciosos; o uso de uma serra muito grossa em uma chapa muito fina provoca trepidação, dificultando o processo.

As serras disponíveis no mercado têm seu tamanho determinado por uma numeração em ordem crescente, conforme a escala abaixo:

| 10/0 | 9/0 | 8/0 | 7/0 | 6/0 | 5/0 | 4/0 | 3/0 | 2/0 | 1/0 | 0 | 1 | 2 | 3 | 4 | 5 | 6 | 7 | 8 | 9 | 10 |

+ fina   **+ grossa**

ARCO DE SERRA

Utilizado para fixar as extremidades da serra e manusear a ferramenta com mais facilidade.

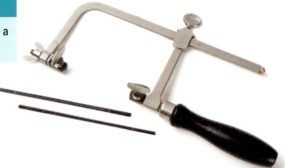

LIMAS

Ferramentas manuais, consistentes e com ranhuras que servem para desbastar, acertar e dar acabamento ao trabalho de serras. Também utilizadas para esculpir (dar forma) o metal. São feitas de aço bastante duro e não são flexíveis.

As limas mais usadas na ourivesaria são chamadas limas agulhas. Apresentam formatos, graduações (grana) e tamanhos adequados a cada trabalho.

A grana da lima é designada por uma unidade de medida que expressa o número de dentes em determinada área, por isso quanto maior o número de dentes, mais fina a lima.

00	0	1	2	3	4	5	6
grossa							**fina**

O trabalho a ser executado define o tipo de dente e de corte da lima.

TIPOS DE DENTE

- Corte simples: dentes diagonais e paralelos.
- Corte duplo: dois grupos de dentes diagonais (desbastam mais o material).
- Grosa: série de dentes individuais (corte mais agressivo).

TIPOS DE CORTE

- Lima bastarda: ideal para a remoção mais abrasiva de metal.
- Lima murça: utilizada para o acabamento.

Apresentam-se em vários formatos, e cada um atende a uma necessidade. A área a ser limada determina o perfil da lima que deve ser utilizado.

FORMATOS

- Lima chata: utilizada em superfícies planas ou convexas.
- Lima redonda: usada em superfícies côncavas, aberturas circulares e furos.
- Lima triangular: utilizada em superfícies angulares internas e cantos de ângulos retos.
- Lima quadrada: usada em superfícies planas, ranhuras, rasgos e ajustar furos retangulares e cantos.
- Lima meia-cana: o lado chato é utilizado em superfícies convexas e planas, e o lado curvo em superfícies redondas e côncavas.
- Lima faca: com um lado mais fino que o outro, ideal para cantos.
- Lima barrete: com um lado chato e outro liso.

LIMAS DIAMANTADAS

Disponíveis em vários formatos, elas são utilizadas em metais duros, vidros, esmaltes, pedras sintéticas, materiais cerâmicos etc.

LIMAS PARA MODELAGEM EM CERA

Mais grossas, apresentam-se também em diversos formatos; elas são utilizadas para trabalhos em cera.

LIXAS

Encontradas em diversas graduações (granulação ou gramatura), servem para dar acabamento. Na ourivesaria, são utilizadas para tirar as marcas de limas; a lixa d'água é a mais adequada para esse tipo de trabalho.

O espectro da granulação das lixas d'água é bastante amplo; a granulação (cada número) indica a quantidade de grãos por área determinada.

Quanto maior o número de grãos por área, mais fina a lixa. Na ourivesaria, em geral as lixas mais grossas (80/100/150) são usadas para desbastar o metal, e as lixas mais finas (240/320/400/600/800/2.500) para acabamento. Quanto mais fina a lixa, um brilho mais espelhado é obtido.

Deve-se começar sempre das lixas mais grossas (série das 200) para as mais finas, porque uma lixa tira a marca da outra.

... 80 .... 100 ... 150 ... 240 ... 320 ... 400 ... 600 ... 800 ... 1.000 ... 1.500 .... 2.500

+ grossa   **+ fina**

TESOURA PARA METAL

Há muitos tipos, alguns deles são utilizados para cortar chapas finas de metal e soldas; outros, para cortar chapas mais espessas.

PONTA-SECA OU RISCADOR

Serve para riscar metal e cera.

MORCETO

Usado para segurar a peça, dando maior suporte ao trabalho. Muito utilizado também na cravação e gravação. Existem vários tipos de morcetos, que podem ser de madeira, plástico ou alumínio.

ALICATE

Ferramenta articulada que serve para modelar, cortar, segurar, apertar, conformar ou até mesmo combinar diversas funções; a principal delas é atuar como uma alavanca para multiplicar a força aplicada pelo usuário sobre a peça. Trata-se de uma extensão dos dedos, o que permite expandir a força e precisão.

Existem três formatos básicos de alicates (paralelo, corte e redondo), com numerosas variações de tamanho e forma, cada um com sua função específica.

ALGUNS TIPOS DE ALICATES

❖ Alicate chato: Serve para segurar, puxar e dobrar fios e chapas; pode ser encontrado com náilon nas pontas.

❖ Alicate de corte: Utilizado para cortar fios; pode ter corte lateral ou frontal.

❖ Alicate redondo: Usado para modelar fios, dobrar argolas, segurar peças etc.

❖ Alicate meia-cana: Serve para virar e fechar argolas, chapas e fios.

❖ Alicate chato e meia-cana: Utilizado para dobrar chapas e fios.

❖ Alicate combinado côncavo/convexo: Usado para modelar peças.

❖ Alicate paralelo: Ideal para puxar fios e segurar peças pequenas; pode ter ou não ranhuras.

❖ Alicate de puxar fio: Serve para prender fio; é utilizado também na trefilação.

PINÇAS

São utilizadas para manusear a peça que está sendo trabalhada, principalmente se ela estiver quente. Existem vários tipos de pinças com funções específicas.

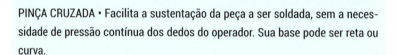

PINÇA COMUM • Feita de aço, está disponível em vários tamanhos.

PINÇA CRUZADA • Facilita a sustentação da peça a ser soldada, sem a necessidade de pressão contínua dos dedos do operador. Sua base pode ser reta ou curva.

PINÇA DE COBRE, PLÁSTICO OU MADEIRA • Utilizada para manusear as peças quando mergulhadas/retiradas de produtos químicos (ácidos, bases e sais).

TERCEIRA MÃO • Serve para segurar a peça a ser soldada, deixando as mãos do operador livres.

BANCADA DE OURIVES

Estação de trabalho do ourives. Há diversos modelos de banca ou bancada, das mais simples às mais sofisticadas.

É importante que a banca seja confortável para o trabalho, tenha gavetas para a arrumação das ferramentas e a coleta dos metais, além de boa iluminação.

ESTILHEIRA

Utilizada para apoiar a peça a ser serrada ou limada. Fabricada em madeira, apresenta uma parte plana e outra em forma de rampa. Existem vários modelos de estilheira, podendo ser inteiriça ou furada.

PÁ E ESCOVA DE BANCA

Usadas para limpeza e recolhimento da limagem.

ÓCULOS DE PROTEÇÃO

Fundamentais para o trabalho na bancada, servem para proteger os olhos de fagulhas e partículas durante o polimento, fundição ou de qualquer outra atividade que coloque em risco a visão. Existem vários modelos. Para fundição e soldagem, os óculos devem ter lentes escuras a fim de proteger os olhos da luminosidade intensa.

LUPA DE PALA

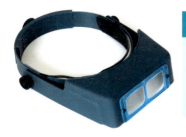

Indicada para trabalhos que exigem precisão e um campo visual claro; é ajustada à cabeça do operador, liberando suas mãos para o trabalho. Há diversos modelos de lupas, todos com lentes de aumento que auxiliam as tarefas do ourives.

LUPA COM SUPORTE E BASE

Utilizada para trabalhos que exigem precisão, com uma lente de aumento e pinças auxiliares.

MÁSCARA DE PROTEÇÃO

Ajuda a evitar a inalação de pó e elementos químicos.

MOTOR DE CHICOTE

Equipamento indispensável no ateliê. Consiste em um mandril acoplado a um cabo flexível, cuja velocidade é controlada por um pedal.

O motor de chicote (ou suspensão) deve ser colocado na bancada de trabalho em um suporte próprio e a uma altura adequada.

No mandril, podem ser acoplados diversos acessórios, tais como esmeril, brocas, porta-lixas, borrachas, escovas, fresas, discos de corte, feltros de polimentos, entre outros, o que permite furar, lixar, desbastar, polir etc. São vários os modelos, que devem ser presos à bancada de trabalho.

MANDRIL • Serve para prender lixas, discos de polimento, borrachas etc.
- ❖ Mandril porta-lixa: encontrado no formato reto e cônico, é usado na fase de acabamento da joia.
- ❖ Mandril porta-disco e porta-cilindro: utilizado para prender os discos e os cilindros de borracha ou silicone.

ABRASIVOS DE BORRACHA E SILICONE • Indicados para dar acabamento e polimento em metais; podem ser encontrados na forma de cilindro ou disco coloridos. Cada cor apresenta uma abrasividade diferente:
- ❖ Rosa: para polimento
- ❖ Azul-claro: baixo desgaste
- ❖ Preto: médio desgaste
- ❖ Branco: grande desgaste

DISCOS DE POLIMENTO • Servem para polir.

ESCOVAS • São diversos os tipos; utilizadas no motor e servindo para dar acabamento, limpeza e remoção de resíduos, texturas etc. Podem ser de aço, latão, feltro, algodão, scotch brite, dependendo da função.

ESMERIL • Pedra composta de minerais duros, muito abrasiva, serve para desbastar, afiar e polir metais e pedras preciosas. Disponível no mercado em formatos e cores variados; cada cor apresenta uma abrasividade diferente.

BROCA CILÍNDRICA • Apresenta-se em vários tamanhos, usada para furar.

MOTOR DE CHICOTE (CONTINUAÇÃO)

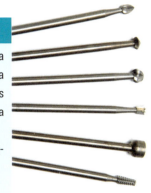

FRESA • Ferramenta cortante de formatos e tamanhos variados, usada para facear, desbastar, esculpir e executar rebaixos e rasgos. Cada formato tem uma finalidade específica. São constituídas de dentes e gumes, em geral dispostos simetricamente em torno de um eixo. Esses dentes removem o material da peça de modo intermitente. São também muito utilizadas na modelagem em cera. Formatos: bola, copo, faca, circular, cilíndrico, cônico, chapéu chinês, cone invertido, espiga, helicoidal, entre outros

FRESAS DIAMANTADAS • Também em formatos diversos, são utilizadas para limpeza e acabamento de joias em peças com resinas e esmaltação.

LAMINADOR

Máquina utilizada na conformação mecânica de materiais (laminação). Consiste na passagem do metal entre dois cilindros (rolos) com superfícies planas ou canais, obtendo chapas (rolo liso) e fios (rolo com sulcos) de espessuras diversas. É composto de dois rolos de aço, com movimento controlado por um sistema de engrenagens; o ajuste da distância entre eles é feito por meio de um sistema de mancais. Há laminadores só com rolos lisos, só de fios e mistos (metade chapa, metade fios). Alguns deles contêm, ainda, sulcos para fazer fios meia-cana.

LAMINADOR MANUAL • Existem diversos modelos e são os de menor preço. Seu acionamento é por meio de manivelas, provocando uma deformação controlada (pode-se laminar somente até onde se deseja). Há também laminadores com redução.

LAMINADOR ELÉTRICO • Também em diversos modelos, com preço mais elevado.

MAÇARICO

Aparelho no qual se processa a mistura sob determinada pressão de um gás comburente com outro combustível. Depois de inflamada, essa mistura produz chama. Utilizado para recozimento, soldagem e fundição dos metais, o maçarico pode usar diferentes gases dependendo do tipo de trabalho a ser feito.

Cada maçarico tem um procedimento de segurança diferente.

MAÇARICO A GÁS/AR • Muito utilizado, principalmente em pequenas oficinas. Como não necessita de ar comprimido, é mais simples e de fácil operação, além de ser de baixo custo.

É formado por um corpo, três bicos (pequeno, médio e grande), uma mangueira e um registro para acoplar ao botijão de gás (butano ou propeno).

MAÇARICO A OXIGÊNIO/GÁS • Nesse tipo, é empregado o GLP (Gás Liquefeito de Petróleo) como combustível, e o oxigênio engarrafado como comburente (auxilia na combustão).

Por oferecer uma atmosfera mais limpa e carregada de oxigênio, esse tipo de maçarico é mais eficiente e versátil. Porém, é difícil de ser operado e apresenta preço elevado.

O oxigênio é um gás comburente, incolor e insípido (sem gosto e sem cheiro), que age como um acelerador, ou seja, ajuda o combustível a queimar a altas temperaturas.

O maçarico é composto de um cilindro de oxigênio, um de GLP, reguladores, mangueiras e maçarico.

Evite o contato de óleo ou graxa com qualquer parte do cilindro, reguladores ou acessórios. O óleo e a graxa podem formar compostos e queimar na presença de oxigênio.

Além do GLP, o gás natural também pode ser utilizado com o oxigênio engarrafado. O poder calorífico do GLP é próximo ao do gás natural.

Poder calorífico do gás

Quantidade	Combustível	Poder Calorífico (Kcal)
1 k	GLP	11.500
1 m³	Gás natural	9.400
1 m³	Gás de rua	4.200

Fonte: Cartilha FAQ Sindigás

MAÇARICO PORTÁTIL • Recarregável com gás de isqueiro, seu uso é limitado por não atingir altas temperaturas.

LINGOTEIRA E RILHEIRA

Recipiente em que se despeja o metal fundido para fazer o lingote/barra.

Existem modelos específicos, normalmente de ferro com um punho. Podem apresentar vários canais paralelos de diversas larguras ou um canal único maior, por onde se faz o vazamento do metal fundido, formando-se, assim, os lingotes que serão laminados em forma de chapas e fios.

SUPORTE PARA CADINHO

Serve para fixar, segurar e manusear o cadinho quente.

KIT PARA SOLDAGEM

Formado por um tijolo refratário, uma colmeia e uma tela. O refratário ajuda a manter o calor do metal, pois retém o calor do maçarico.

CADINHO

Vasilhame refratário de cerâmica ou grafite, em tamanhos e formatos diferentes, é usado para fundir metais. Tem um bico que facilita vazar o metal líquido em uma lingoteira ou rilheira.

FIEIRA

Placa com furos calibrados e retificados em várias medidas, usada na trefilação; segue a ordem decrescente de tamanho.

As fieiras podem ser de aço ou tungstênio (vídea) em tamanhos e formatos diversos: redonda, oval, meia-cana, navete, quadrada, retangular, entre outras. Devem ser fixadas em morsas para ficarem bem presas. No mercado, há também fieiras individuais.

Os fios são puxados com alicates de pressão.

FIEIRA DE TARRACHA

Serve para fazer parafusos e roscas no metal. Na ourivesaria, é utilizada para fabricar tarraxas com rosca.

TORNO DE BANCADA E MORSA

Ferramenta utilizada para prender peças e componentes a serem trabalhados. Disponível em vários tamanhos e modelos.

POLITRIZ

Máquina com um eixo alongado e cônico com rosca em que são colocadas escovas específicas para polimento e brilho. Existem vários modelos, desde o mais simples até aqueles com exaustores e regulagem de velocidade.

ESCOVAS E PASTAS UTILIZADAS NA POLITRIZ
Servem para dar polimento e brilho a uma peça. É fundamental que cada pasta tenha sua escova separada.

A politriz deve ficar bem fixada dentro de bancada própria a fim de dar segurança e proteção ao operador. Essa bancada deve possuir um coletor de resíduos para futura reciclagem do metal.

ESCOVA DE CRINA • Escova abrasiva com diversas numerações de acordo com seu tamanho. Utilizada com uma pasta de grão grosso para tirar manchas e dar polimento à peça.

ESCOVA DE ALGODÃO, FELTRO, FLANELA E BRIM • Pode ser usada com pasta de grão grosso para dar polimento e com pasta de grão fino para realçar o brilho da peça.

ESCOVA SCOTCH BRITE • Serve para dar acabamento acetinado às peças.

ESCOVA DE LATÃO • Usada para limpar e dar acabamento às peças.

CONES DE FELTRO • Utilizados para dar polimento no interior das alianças e anéis.

PASTAS E POLIMENTO • Para polir e tirar manchas do metal, são usadas pastas de grãos grossos. Para dar brilho, utilizam-se as pastas de grãos finos. Elas têm cores diferentes, cada qual com um poder de desbaste.

É importante que cada pasta tenha sua escova. Para que não se contaminem, as escovas não devem ser misturadas.

As pastas de grãos mais grossos devem ser usadas antes das pastas de grãos mais finos.

TAMBOREADOR OU ROLA-ROLA

Utilizado para limpeza e polimento das peças, consiste em um tambor no qual se coloca, com pequenas bilhas de aço inoxidável, água e um xampu especial.

Pode ser de madeira ou fibra e apresenta diversas capacidades.

Para a limpeza do rola-rola, deve ser usado um pó especial.

Bilhas

TAMBOREADOR MAGNÉTICO • Equipado com agulhas magnéticas; indicado para limpeza de peças saídas da fundição (com revestimentos e outras sujeiras grossas).

JATO DE AREIA

Utilizado para dar acabamento fosqueado às peças.

APARELHO ULTRASSÔNICO PARA LIMPEZA

Empregado para limpar as peças.

VIBRADOR PARA POLIMENTO

Sua função é polir as peças.

Instrumentos de medição

Na fabricação de joias, eles são usados com funções específicas para medir espessuras, diâmetros, comprimentos, pesos, entre outras.

PAQUÍMETRO

Instrumento de precisão empregado para medir dimensões lineares internas, externas e profundidades de pequenos objetos.

Fabricado geralmente em aço inoxidável, é formado por uma régua graduada – escalas em milímetros e polegadas – com encosto fixo, sobre o qual desliza um cursor que se ajusta à régua e permite livre movimentação. Apresenta também uma escala auxiliar chamada nônio ou vernier, que possibilita a leitura de frações da menor divisão da escala fixa.

Na ourivesaria, normalmente utilizam-se as medidas em milímetros (mm).

Na parte inferior do paquímetro, há uma escala com 9 mm de comprimento em geral divididos em 10 partes iguais, para medir os décimos de milímetros. O espaço entre duas divisões consecutivas tem assim o comprimento de 9/10, que é igual a 0,9 mm (nove décimos de milímetro).

Na parte superior, as medidas aparecem em polegadas.

❖ Converter polegadas em milímetros: MULTIPLICAR o valor encontrado em polegadas (Vpol) por 25,4

$$Vmil = Vpol \times 25,4$$

❖ Converter milímetros em polegadas: DIVIDIR o valor encontrado em milímetros (Vmil) por 25,4

$$Vpol = Vmil \div 25,4$$

Existem vários tipos de paquímetros, sendo o mais utilizado o universal. Há também paquímetros digitais que propiciam uma leitura mais rápida.

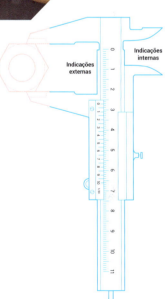

Indicações externas

Indicações internas

Medições de profundidade

ESPECÍMETRO

Serve para medir espessuras.
Muito utilizado na modelagem em cera.

CALIBRE DE LATÃO

Usado para medir dimensões.

MICRÔMETRO

Utilizado para medir pequenas dimensões. O princípio de medição desse instrumento se baseia em um sistema de porca e parafuso no qual o parafuso avança ou retrocede na porca de medida em que o parafuso é girado. Formado por um arco, geralmente de aço, um parafuso micrométrico, que garante a precisão, e pontas de medição.

Os micrômetros são fabricados com resoluções entre 0,01 mm e 0,001 mm. Há também, no mercado, micrômetros digitais.

COMPASSO

Usado para medir e transferir medidas. O compasso de ourives tem duas pontas-secas e é considerado instrumento fundamental no processo de modelagem em cera.

ANELEIRA E PAU DE MEDIDA

Ferramentas indispensáveis na fabricação de anéis e alianças.
ANELEIRA • composta de várias alianças numeradas.
Cada aliança possui um número relacionado a seu diâmetro interno e serve para medir o tamanho do dedo.
PAU DE MEDIDA • ferramenta graduada com números correspondentes aos tamanhos da aneleira. A medida do anel é feita enfiando-o até onde vestir e observando sua numeração.

MEDIDOR DE PULSO

Tira de metal graduada (em milímetros ou polegadas), utilizada para medir o tamanho do pulso ao se fazer pulseiras e braceletes.

BALANÇA

Aparelho de precisão usado na pesagem. É fundamental na ourivesaria, pois garante a precisão ao pesar os metais para o procedimento de fundição das ligas e soldas. No caso das pedras, é utilizada a fim de saber seu quilate.

Serve também para calcular o peso final da peça, auxiliando no cálculo do custo de fabricação.

Existem diversos tipos de balanças: desde as que utilizam pesos até as digitais de precisão, com graus de precisão mais elevados, o que possibilita realizar pesagens rigorosas de pedras e metais valiosos. Elas podem ser portáteis ou de bancada.

MEDIDOR DE ÂNGULO OU TRANSFERIDOR

Serve para medida e marcação de ângulos; muito utilizado na modelagem de cera.

RÉGUAS

Auxiliam na medição dos desenhos e projetos.

ESQUADRO

Utilizado para conferir ângulos retos.

CALIBRE PARA PEDRAS

Usado para medir e separar as pedras por tamanhos e formatos.

Outras ferramentas e equipamentos

Tribuletes variados

TRIBULET

Ferramenta de formato cônico, que serve para modelar anéis, virolas, braceletes, entre outros. Apresenta formas muito variadas: cilíndrica, quadrada, triangular, oval, redonda, sextavada etc. Em geral, é feito de aço temperado, mas pode ser encontrado em madeira. O tamanho também varia.

MINI TRIBULET • Usado para confeção de virolas e formas pequenas.

TRIBULET PARA BRACELETE • Indicado para confecção de braceletes.

BUSTO • Usado para modelar gargantilhas e cordões.

TAZ

Bloco de aço temperado com superfície plana, usado como base de apoio para moldar ou nivelar o metal com o auxílio de um martelo. Está disponível no mercado em diversos tamanhos.

BIGORNA

Ferramenta de ferro maciço, muito resistente, sobre a qual se forjam e se amoldam diferentes metais. Apresenta-se em variados tamanhos.

MARTELO

Ferramenta que proporciona impacto de pressão sobre um objeto.

Os martelos variam muito em sua forma e estrutura, cada um com uma finalidade específica. Na joalheria, são usados diversos tipos de martelos.

Os martelos de madeira, náilon, chifre e borracha servem para bater no metal sem marcá-lo ou forjá-lo; os de chifre e náilon têm uma batida mais firme que os de madeira.

Borracha   Chifre   Madeira   Náilon

Os martelos de aço são usados para modelar e forjar o metal.

O martelo de cinzelar tem formato especial por sua finalidade específica na técnica tão minuciosa de cinzelagem.

DADO DE BOLA/EMBUTIDORES/ DADO DE RANHURA

Utilizadas para dar volume ao metal, essas ferramentas são normalmente fabricadas em aço temperado.

DADOS DE BOLA • Servem para embutir bolas, meias bolas, pastilhas, peças côncavas / convexas; usados em conjunto com os embutidores.

EMBUTIDORES • Cilindros com graduações diversas que se adaptam aos dados de bola; possuem uma das extremidades arredondada.

DADO DE RANHURA • Utilizado para dar formas de calhas com perfil redondas, quadradas e triangulares.

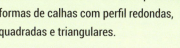

CHATONEIRA

Usada para moldar o metal em formatos cônicos, aplicação de chatão para pedras e outros fins na fabricação de joias. Apresentam tamanhos com graduações e formatos variados (quadrado, coração, triângulo etc.).

CORTADOR DE CHARNEIRA

Serve para cortar, de maneira precisa e uniforme, charneiras (tubos) e fios. Possui regulagem de tamanho e apoio para a peça e a serra.

ALARGADOR DE ALIANÇA

Utilizado para aumentar ou diminuir alianças e anéis sem pedras.

MANDRIL MANUAL

Usado com brocas cilíndricas para marcar e fazer furos manualmente. Existem diversos modelos.

FURADEIRA MANUAL COM ENGRENAGEM

Utilizada com brocas cilíndricas para fazer furos manualmente.

MÁQUINA PARA FAZER ELOS

Sua função é fazer elos de diversos tamanhos.

FIO DE FERRO

Utilizado para amarrar as peças, dando pressão nelas e facilitando na soldagem.

CINZEL

Ferramenta de aço temperado utilizada no processo de cinzelagem. Possui formatos específicos, podendo ser confeccionado ou trabalhado pelo próprio ourives de acordo com o que ele deseja realizar.

ESTRELA, PEDRA E SOLUÇÃO DE TOQUE

Necessários para avaliar o teor do metal.

CORTADOR DE DISCO

Serve para cortar chapas de metal em formatos de discos variados.

Ferramentas utilizadas para a cravação e gravação

Para a realização de determinados processos de trabalho, são exigidas ferramentas específicas.

PERLOIR

Ferramenta de aço temperado utilizada, com auxílio de um mandril, na cravação de pedras preciosas, com a finalidade de fechar garras e granitos.

BRUNIDOR

Também conhecido como acalcador, é um instrumento para brunir (polir) peças metálicas; utilizado na cravação de pedras. Existem brunidores de vários formatos, cada um com sua função específica.

Brunidor alisador curvo/ brunidor âncora/ brunidor quadrado/ brunidor com corte na ponta

BURIL

Instrumento com ponta de aço para cortar, engastar, gravar metais, lavrar pedras e também decorar e fazer texturas no metal. Existem diferentes tipos, cada um com sua função específica. O buril deve ser afiado pelo profissional de acordo com o trabalho a ser feito (veja item "Processos de Cravação").

❖ Buril chato: ideal para realizar detalhes retos.

❖ Buril faca: com uma lâmina extremamente fina; ideal para detalhes em pequenos espaços e levantamento de garras mais delicadas.

❖ Buril meia-cana: semelhante ao buril faca, porém sua lâmina é arredondada.

❖ Buril onglete: ideal para detalhes curvos e canais arredondados.

❖ Buril raiado: ideal para fazer linhas paralelas aos fundos ou acabamento brilhante.

PEDRA DE AFIAR

Usada para afiar o buril.

GRANITEIRA

Serve para afiar o perloir.

GOMA-LACA

É utilizada na preparação de paus ou superfícies de madeira que servem de suporte para prender a peça, facilitando a cravação de pedras e a gravação com buril.

A goma é derretida na ponta do pau ou no bloco de madeira com o auxílio de uma lamparina.

LAMPARINA

Serve para derreter a goma, sem queimá-la.

CARRETILHA

Usada para fazer textura.

MARTELETE

Ferramenta adaptada ao motor de chicote; utilizada na cravação inglesa e para fazer texturas.

CANETA FLEXÍVEL

Acoplada ao motor de chicote, por ser flexível, ela facilita o trabalho do ourives e do cravador.

MORCETO PARA CRAVAÇÃO

Sua função é segurar as peças de joalheria para dar mais suporte ao trabalho de gravação, cravação ou outros acabamentos.

Ferramentas para modelagem em cera

Técnica bastante antiga que oferece muitas possibilidades no trabalho de criação de joias, favorecendo a confecção de modelos com qualidade que demandam o uso de equipamentos, ferramentas e materiais adequados.

SERRAS PARA CERA

Existem vários formatos e tamanhos.

SERRA ESPIRAL • possibilita corte em várias direções.

SERRA DE OURIVES • utilizada em trabalhos que exigem maior detalhamento.

SERRA STARRETT • facilita os cortes maiores em linha reta.

SERRA PARA CORTAR BLOCO DE CERA COM SUPORTE • ajuda a fazer cortes retos e angulares.

CERAS

São encontradas em formatos específicos para cada tipo de trabalho, nas cores azul, verde e roxa.

- ❖ Azul: dureza média e mais quebradiça.
- ❖ Roxa: mais macia e plástica, permitindo trabalhar com mais detalhes.
- ❖ Verde: mais dura, sua principal característica é a rigidez. Ideal para esculturas já que possibilita fazer muitos detalhes, porém muito quebradiça. Desaconselhável em peças pequenas.

PLACAS DE CERA • Disponíveis em espessuras diversas; utilizadas para modelagem de brincos, medalhas, pingentes etc.

TUBOS DE CERA • Encontrados em formatos específicos para cada tipo de anel e aliança.

BLOCOS DE CERA • Utilizados para peças maiores e esculturas.

CERA PARA BRACELETE • Indicada para modelagem de pulseiras e braceletes.

LIMAS PARA CERA

Mais grossas e também encontradas em diversos tamanhos e formatos.

Também são empregadas, em alguns casos, as limas de ourivesaria nos trabalhos em cera, pois são menos agressivas.

É importante ter um conjunto de limas separado para a cera a fim de não contaminá-la com a limalha de metal, o que pode vir a prejudicar na fundição.

BISTURI

Instrumento utilizado para cortes, acabamento e raspagem; possui um cabo e lâminas de tamanhos e formas variados e descartáveis.

RISCADOR OU PONTA

Serve para traçar as linhas na cera. Também utilizado para pontilhar e desenhar.

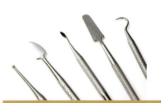

ESPÁTULA

Usada para esculpir a cera. Muitas vezes, é importante afiar as espátulas com esmeril para dar forma mais adequada a cada tipo de modelo.

TRIBULET RASPADOR

Utilizado para abrir o interior do molde de cera do anel a ser esculpido, colocando na medida desejada.

TORNO PARA CERA

Usado para modelar peças.

PIRÓGRAFO

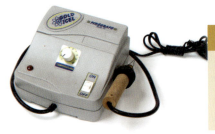

Serve para fazer reparos e preenchimentos, derretendo a cera e também trabalhos de gotejamento, texturas etc. É um instrumento usado em atividades mais delicadas, pois possui regulagem de temperatura.

FERRO DE SOLDA

Utilizado para derreter a cera, unir ou realizar preenchimentos. Não possui regulagem de temperatura.

PISTOLA DE CERA

Serve para derreter a cera dando efeitos de relevo.

CANETA PARA CERA

Com a mesma função do pirógrafo, é utilizada em trabalhos mais minuciosos.

GABARITOS

Apresentam-se em diversos formatos (redondos, ovais, quadrados, triangulares etc.) e auxiliam na confecção de modelos. Há gabaritos específicos para anéis.

BROCAS E FRESAS DIVERSAS

As mesmas brocas cilíndricas da ourivesaria também são usadas com a finalidade de furar.

As fresas têm formatos diversos e servem para desbastar e fazer texturas. É importante utilizar fresas específicas para modelagem, separadas da ourivesaria.

BURIL

Usado para retoques, marcas, sulcos, letras e esculturas.

LIXAS

Na modelagem em cera, são usadas as lixas d'água: as mais grossas (150/240) servem para maior desbaste; as mais finas (400/600), para tirar riscos e arranhados da cera; e para acabamento, são usadas as bem fininhas (1.500/2.500).

SCOTCH BRITE

Serve para dar acabamento.

INSTRUMENTOS DE MEDIÇÃO

Fundamentais na modelagem em cera para se obter modelos com medidas e ângulos precisos.

Os mais utilizados são: paquímetro, especímetro, transferidor (medidor de ângulo), esquadro e compasso. A aneleira e o pau de medida também são usados na modelagem de anéis.

Produtos químicos

Largamente utilizados na joalheria com funções distintas; são os ácidos, sais e bases. Abordaremos, a seguir, os principais, suas características, cuidados no manuseio e em que processos e atividades se aplicam.

Principais ácidos

ÁCIDO NÍTRICO (HNO$_3$) • Também conhecido como água-forte (em seu estado puro), é um líquido viscoso, incolor, indolor, muito volátil, forte, oxidante bastante corrosivo e imiscível em água. Em temperatura ambiente, libera fumaça. É um dos componentes da água-régia juntamente com ácido clorídrico, sendo utilizado para refinar metais nobres como ouro e prata.

Na joalheria, misturado à água, é usado na técnica de gravura no metal. Por ser um forte agente oxidante, ataca quase todos os metais e serve para atacar o cobre em peças ocas e em soluções de toque de ouro e platina.

Requer cuidados no manuseio em razão de ser um líquido corrosivo, podendo causar queimaduras para o tecido do corpo. Pode ser fatal se engolido e, se for inalado, pode provocar tosse, irritação do nariz e garganta, além das áreas respiratórias.

ÁCIDO CLORÍDRICO (HCl) • Denominado comercialmente como ácido muriático, é um líquido aquoso, sem coloração, com odor forte e que produz vapores irritantes. Faz parte da composição da água-régia em soluções de toque de ouro e platina com o ácido nítrico.

É utilizado para clarear árvores de ouro na fundição, atacar resíduos de revestimento e na decapagem dos metais (remoção de oxidação do metal).

Trata-se de um ácido irritante extremamente corrosivo para qualquer tecido que tenha contato. Produz irritação na garganta e nariz. Dependendo da concentração, pode produzir desde uma leve irritação até queimaduras graves na pele e olhos.

ÁCIDO SULFÚRICO (H_2SO_4) • Líquido incolor, viscoso e oxidante, é utilizado na preparação da maioria dos ácidos minerais (clorídrico, nítrico, fosfórico e fluorídrico).

É empregado no branqueamento das peças, ou seja, na remoção da oxidação dos metais (decapagem).

Trata-se de um ácido muito corrosivo e tóxico, podendo causar irritação e queimaduras na pele, além de ser nocivo caso haja inalação. Pode ser fatal se ingerido.

A reação de hidratação do ácido sulfúrico é altamente exotérmica (libera muita energia). Se a água for vertida sobre o ácido sulfúrico concentrado, poderá ferver e espirrar de forma perigosa.

Deve-se diluir o ácido sulfúrico sobre a água, e não o contrário.

ÁCIDO BÓRICO (H_3BO_3) • Apresenta-se em forma de cristais ou pó branco. Pode ser usado como meio de fluxo em soldaduras de metal.

É solúvel em água e utilizado sobre peças polidas com o intuito de protegê-las, evitando assim sua oxidação quando esquentadas pelo maçarico.

Se for ingerido ou inalado, é venenoso, embora sua ação venenosa não seja considerada potencialmente eficaz.

ÁGUA-RÉGIA • Composta de três partes de ácido clorídrico e uma parte de ácido nítrico. Recebe esse nome por ter a propriedade de dissolver metais nobres (também chamados régios). Trata-se de um líquido altamente corrosivo de cor amarelada.

É empregada para dissolver metais como ouro e platina e nas soluções de toque (utilizadas para avaliar o teor do ouro e da platina), com composição semelhante à da água-régia, apenas mudando a proporção dos ácidos. Nenhum dos ácidos em sua composição pode atacar o ouro isoladamente. Cada ácido tem uma tarefa diferente.

Principais bases

HIDRÓXIDO DE SÓDIO • Conhecido como soda cáustica. Dissolvido em água e aquecido, tem a função de retirar a goma-laca utilizada na cravação das pedras.

Altamente corrosivo, pode causar queimaduras.

AMÔNIA • Incolor e com odor muito forte, é usada para limpar e desengordurar peças por fervuras ou por ultrassom.

A ingestão pode causar queimaduras na boca e na garganta. Se for inalada, é destrutiva dos tecidos das membranas mucosas e da área respiratória. Em contato com a pele ou olhos, pode causar irritação.

Principais sais

ALÚMEN DE POTÁSSIO • Principal constituinte da pedra-ume, é utilizado no branqueamento das peças (decapagem).

Não é considerado perigoso, mas pode causar irritação quando em contato com os olhos.

CIANETO DE POTÁSSIO • Utilizado na extração de ouro e prata, é usado para limpar e retirar a oxidação das peças.

É um composto químico altamente tóxico, pois reage com a hemoglobina impedindo o transporte de oxigênio.

BÓRAX OU TETRABORATO DE SÓDIO • Conhecido como trincal, é encontrado na forma de pó branco. Ajuda a solda a fluir evitando a formação de óxidos, que normalmente aparecem com o calor. É utilizado para revestir cadinhos, o que auxilia a fusão dos metais.

Ao se tratar o bórax com ácidos minerais, origina-se o ácido bórico.

BICARBONATO DE SÓDIO • Encontrado em forma de pó branco, é solúvel em água. Utilizado para neutralização de ácidos ou resíduos ácidos em peças e também para fundir limalha, por absorver e separar as impurezas dos metais.

PRINCIPAIS CUIDADOS NA UTILIZAÇÃO DE PRODUTOS QUÍMICOS

- Usar luvas sempre que manusear produtos químicos.
- Evitar inalar os vapores desprendidos pelos produtos químicos. É importante o uso de máscaras.
- Identificar os produtos químicos com rótulos de fácil leitura e armazená-los em lugar adequado.
- Evitar o contato dos produtos químicos com a pele. Caso haja o contato, lavar o local com água e sabão.
- Limpar bem o local depois de manusear produtos químicos.

Não comer, beber ou fumar enquanto estiver manuseando um produto químico

- Lavar sempre as mãos depois de usar um produto químico.
- Usar recipientes adequados (vidros ou plásticos grossos) para guardar as soluções químicas.
- Lavar bem as peças sempre que estiver em contato com algum produto químico. Qualquer resíduo pode oxidar a peça posteriormente ou causar irritações na pele de quem as usar.
- Trabalhar sempre em locais bem ventilados.
- Ao trabalhar com prata e ouro em locais pouco ventilados, usar o sal branqueador em vez dos ácidos, pois é menos agressivo.
- Peças que possam reter os ácidos em seu interior (peças ocas ou charneiras) devem ser mergulhadas em soluções básicas (bicarbonatos) para neutralizar a ação dos ácidos remanescentes.
- Os ácidos e as bases, em geral, são corrosivos. Devem ser neutralizados antes de serem jogados fora.

Neutralize a solução a ser descartada com bicarbonato de sódio na proporção de 20% antes de jogá-la no solo ou na rede de esgoto

- Separe sempre o lixo por sua natureza em recipientes apropriados.

processos

de criação, desenvolvimento e reprodução

Diversas etapas compõem a produção de uma joia ou coleção. A criação é a primeira delas. A joia pode ser feita a partir do desejo do designer ou da solicitação de um cliente. Nos dois casos, depois que a peça é criada e desenhada, ela deve ser aprovada.

Uma vez criada, desenhada e aprovada, começamos a escolher o melhor caminho para a fabricação da joia. Podemos utilizar, na confecção de uma peça, os processos de ourivesaria, modelagem em cera ou prototipagem rápida.

Antes de iniciar a confecção da joia, é muito importante estabelecer o caminho a ser seguido e cada processo utilizado determina essa escolha. Dois ou mais processos, muitas vezes, ocorrem simultaneamente.

A partir dos processos de ourivesaria, modelagem em cera ou prototipagem, a joia pode ser reproduzida em série por meio da fundição por cera perdida. Depois da peça pronta, é possível que o designer necessite de outros serviços complementares, como cravação de pedras, gravação de texturas, acabamentos com jatos de areia, oxidação, banhos, esmaltação, entre outros. No diagrama, a seguir, identificaremos esses processos.

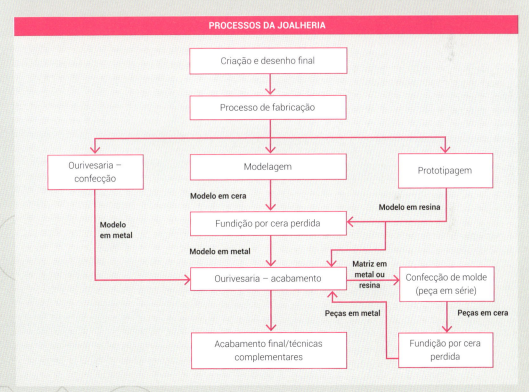

PROCESSOS DA JOALHERIA

Criação e desenho final

Processo de fabricação

Ourivesaria – confecção

Modelagem

Prototipagem

Modelo em cera

Modelo em resina

Modelo em metal

Fundição por cera perdida

Modelo em metal

Ourivesaria – acabamento

Matriz em metal ou resina

Confecção de molde (peça em série)

Peças em metal

Peças em cera

Acabamento final/técnicas complementares

Fundição por cera perdida

Criação

"A criatividade é 1% de inspiração e 99% de transpiração"

THOMAS EDISON

Por meio de informações, referências, estudos, associações e experimentações, podemos estimular a criatividade e fazer com que uma pessoa se torne mais criativa.

No processo criativo, utilizamos vários recursos e técnicas de criatividade que muito contribuem no desenvolvimento do conceito e criação das joias: técnicas de livre-associação e técnicas de associação forçada.

Técnicas de livre-associação

❖ Brainstorming: trata-se de fluidez, ou seja, o designer registra todas as ideias que tem na cabeça, sem crítica ou autocrítica.

❖ Brainwriting: o designer trabalha pesquisando ideias diferentes, de outras pessoas, obtendo, desse modo, outra maneira de ver e sentir.

Técnicas de associação forçada

❖ Pensamento lateral é aquele que nos leva a quebrar padrões, ou seja, pensar diferente para resolver um mesmo problema.

❖ Associações de figuras, formas, objetos etc.

As etapas de um processo criativo são:

Inspiração inicial • É a identificação de um problema ou oportunidade de design, o planejamento de um novo produto ou coleção específica, podendo ser este o pedido de um cliente ou a própria vontade do designer em desenvolver uma coleção.

Representa uma resposta à necessidade de solucionar algo num determinado momento.

Preparação e embasamento • Inicia-se com o reconhecimento dos fatores relevantes ao problema ou oportunidade de design, desdobrando-se na pesquisa e análise de possibilidades e restrições.

Nesse processo, a mente mergulha nas ideias existentes por meio de pesquisas, informações e análise funcional. O designer cria um "banco de dados" sobre o tema, registrando em imagens e textos de referências.

Ideação/incubação • A ideia adormece na mente do designer, e ele permanece mergulhado no tema. É quando ocorre o pensamento lateral, as associações livres, brainstorming de imagens, palavras e sensações.

Geração de ideias • Começam a fluir ideias, e, junto, os primeiros desenhos (croquis) surgem livremente, sem censuras ou críticas. É a iluminação, o conceito do projeto.

Avaliação de ideias • Nessa etapa, as alternativas são consideradas e definidas, tendo início, então, os esboços dos desenhos finais.

É quando se faz a composição da forma e a especificação do projeto.

ELABORAÇÃO DA PEÇA OU COLEÇÃO

Desenhos • Uma vez que o tema e o conceito da peça ou coleção estejam bem definidos, os desenhos que inicialmente eram apenas croquis passam a ser feitos com riqueza de detalhes a fim de servirem de referência para o processo de desenvolvimento da peça e aprovação do cliente. Um desenho bem feito ajuda na visualização da joia, antes de ela começar a ser fabricada.

Esses desenhos podem ser à mão livre, utilizando técnicas de desenho e ilustração, ou em computador com programas específicos.

É importante que o desenho técnico das peças e seus componentes sejam elaborados com as medidas exatas, além de uma ficha do produto para auxiliar no processo de fabricação da joia.

Agora, os desenhos estão prontos para aprovação e, posteriormente, confecção.

Desenvolvimento
da joia

A joia pode ser confeccionada direto na bancada, manipulando os metais e as ligas metálicas. Para essa finalidade, utiliza-se o processo de ourivesaria.

A confecção do modelo por meio da "modelagem em cera" é outro processo usado.

Atualmente, também é possível contar com algumas tecnologias avançadas que facilitam o trabalho do designer. Desse modo, ele ainda pode optar por construir o modelo da joia fazendo uso da prototipagem rápida.

Ourivesaria

Arte muito antiga na qual são trabalhados os metais nobres, normalmente prata, ouro e platina, na fabricação de joias.

Para realizar esse trabalho, é necessário um local adequado para montar um ateliê. Esse local deve ser bem arejado, pois trabalhamos com produtos químicos, como soluções e gases. É importante também que a bancada de trabalho seja bem iluminada e as ferramentas organizadas.

A postura correta do profissional na banca ajuda na realização do trabalho perfeito e seguro. Muita atenção deve ser dispensada à conservação das ferramentas, evitando seu contato com água e ácidos que podem danificá-las.

É essencial o cuidado com a segurança pessoal. Portanto, consideramos fundamental o uso de óculos de proteção e máscaras, além da máxima atenção ao manusear as máquinas, ferramentas de corte e maçaricos.

Ao começarmos o trabalho na banca, em primeiro lugar, devemos preparar a liga de metal desejada, que será utilizada na confecção da joia (veja o item "Metais e ligas", p.17). Depois do metal ligado, preparamos chapas, fios e soldas de acordo com o desenho da peça. Existem também outros processos para a criação de chapas e fios, com técnicas diversas que possibilitam apresentar um diferencial na joia (texturas, casamentos de metais, entre outros).

O metal deve ser fabricado com todo o cuidado necessário para obtermos um resultado adequado. Os processos de fabricação dos metais consistem em diversos métodos de conformação, ou seja, alteração do metal por meio da deformação plástica. A maioria dos metais é suscetível a essas deformações desde que passe por um tratamento térmico para melhorar suas características (recozimento).

REFINAR

Esse processo é usado na purificação dos metais, consistindo basicamente no aquecimento e fundição deles para separar as impurezas, além da dissolução em ácidos. Utiliza-se o refinamento de metais para:

❖ RECICLAGEM DE PEÇAS JÁ EXISTENTES
Refinamento do ouro • Quando queremos reaproveitar o metal de uma peça já existente, é importante separarmos o ouro fino (puro) de outros metais contidos na liga. No refinamento de ouro, usamos uma solução de 70% de ácido nítrico.

No refinamento do metal, pesamos as peças a serem refinadas e colocamos cinco vezes o peso das peças em cobre (por exemplo, 20 g de metal para 100 g de cobre). O acréscimo do cobre na liga ajuda a separar as partículas de ouro ou prata em contato com o ácido. Quando a liga do metal com o cobre estiver em estado líquido (fundido), ela é vazada em um recipiente com água, formando pequenas granulações, o que facilita a corrosão por ácido nítrico.

> **ATENÇÃO**
> É imprescindível ter muito cuidado no manuseio desse produto químico, pois ele é altamente corrosivo. Para a preparação do ácido nítrico, é fundamental que se coloque primeiro a água e só depois o ácido.

É possível também laminar o metal ligado em lâminas muito finas, que, depois, cortamos em pequenos pedaços e os colocamos na solução ácida. O ácido corrói todo o cobre e a prata existentes na liga do ouro.

Deve-se sempre lavar bem o ouro refinado em água com bicarbonato a fim de neutralizar o ácido. Assim, o metal ficará pronto para ser religado.

❖ RECUPERAÇÃO DE LIMALHAS RESULTANTES DA FABRICAÇÃO DE JOIAS
Na fabricação de uma joia, o metal passa pela serragem e limagem. Com o

decorrer desses processos, vão se acumulando limalhas de metal, que devem ser reaproveitadas, evitando assim o desperdício de metal.

Ao iniciar o refinamento da limalha, é fundamental que se retire todo e qualquer resíduo de metais ferrosos, tais como pedaços de serras, brocas e arames de ferro. Para essa finalidade, é utilizado um ímã.

Depois, deve-se queimar todo o lixo orgânico (restos de lixas, adesivos, madeira e papel). Com a limalha limpa, pode-se reaproveitar o metal para outras peças.

Após a purificação, os metais são limpos, e está completo o processo de refino. Feito isso, o metal está pronto para ser ligado e trabalhado.

FUNDIR

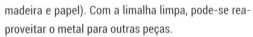

Na ourivesaria, para fazer as ligas, soldas e reaproveitar o metal, que é cortado e limado, deve-se fundir os metais.

O acabamento de um joia começa pela fundição dos metais.

Para obter um bom resultado, é fundamental que o trabalho de fundição seja bem feito, com cuidados especiais durante o processo e a limpeza das ferramentas e metais, evitando assim contaminação, bolhas e outros defeitos.

Durante o processo de fundição, os metais ou ligas metálicas são aquecidos até atingirem seu ponto de fusão, quando passam do estado sólido para o estado líquido (fundidos).

A seguir, eles são derramados em moldes específicos (lingoteiras e rilheiras) para a produção de lingotes e lâminas, que, posteriormente, são laminados e se transformam em chapas e fios de formatos e espessuras variados.

É indicado, nesse processo, o uso de maçaricos de oxigênio/gás (GLP) ou ar comprimido/gás (GLP), além de outras ferramentas específicas, tais como: cadinho, suporte para cadinho, lingoteira e rilheira, bórax, cera de abelha e pinça.

Com os maçaricos de bancada (gás), consegue-se fundir apenas pequenas quantidades de metal.

PROCEDIMENTOS PARA FUNDIÇÃO

- ❖ Colocar o cadinho num suporte próprio.
- ❖ Preparar o cadinho com bórax, aquecendo-o com o maçarico, criando, assim, um fundo parecido com cerâmica.
- ❖ Pesar os metais de acordo com a liga a ser feita.
- ❖ Aquecer o cadinho por inteiro e colocar os metais que serão fundidos com um pouco de bórax. Caso haja metais de pontos de fusão diferentes na liga, é aconselhável colocar os metais com menores pontos de fusão primeiro (sempre em ordem crescente).
- ❖ Segurar o cadinho pelo cabo do suporte e colocar o fogo fazendo movimentos circulares. O movimento do metal no cadinho ajuda a dissolver os óxidos e impurezas, empurrando-os para as bordas.

Quando os metais alcançam seus pontos de fusão, passam do estado sólido ao líquido, fundindo-se e formando uma liga. No caso do reaproveitamento de metal, quando ele alcança seu ponto de fusão, torna-se líquido.

- ❖ Sem tirar o maçarico, despejar o metal fundido continuamente na lingoteira e/ou rilheira, que deve estar em uma superfície nivelada.

❖ Deixar o metal esfriar um pouco e colocá-lo numa solução ácida (como ácido sulfúrico ou sal branqueador) para a decapagem, ou seja, retirada de óxidos e bórax.

❖ Se for necessário, quebrar os excessos de bórax com martelo antes de colocar no ácido.

❖ Retirar o lingote do ácido e passar para uma solução de água com bicarbonato a fim de neutralizar.

❖ Agora, a peça fundida está pronta para ser laminada e/ou trefilada.

RECOZER

Consiste no aquecimento do metal e seu resfriamento até a temperatura ambiente.

Ao ser aquecido, o metal ou liga metálica é exposto a determinada temperatura com o objetivo de torná-lo mais mole, dúctil, tenaz e aliviar suas tensões residuais internas.

O resfriamento do metal pode ser feito em diferentes meios: água, álcool e ar (naturalmente).

A têmpera do metal ocorre quando ele é aquecido até determinada temperatura e resfriado rapidamente, o que possibilita obter maior dureza possível. Quanto mais rápido o resfriamento, mas severa é a têmpera.

O ideal é que o metal resfrie de forma natural, principalmente o ouro.

A água possui o resfriamento mais severo.

O metal apresenta uma ordenação molecular, e, quando submetido a deformações, essa estrutura fica mais densa, tornando o metal mais rígido e quebradiço. Ao recozer o metal, os cristais se afastam, a estrutura interna volta a ficar mais "relaxada", e o metal mais maleável.

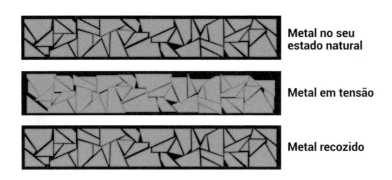

Metal no seu estado natural

Metal em tensão

Metal recozido

Assim, deve-se sempre recorrer a esse processo antes dos procedimentos que exijam uma deformação plástica do metal (laminação, trefilação, moldagem etc.), facilitando sua usinagem e evitando fraturas.

PROCEDIMENTO PARA O RECOZIMENTO

❖ Aquecer todo o metal com um maçarico de gás ou gás/oxigênio até obter um tom levemente rosado.

❖ O ideal é deixar o metal resfriar naturalmente.

LAMINAR

É um processo utilizado na produção de chapas, fitas e fios quadrados ou meia cana, com espessuras diversas.

Na laminação do metal, é preciso um laminador elétrico ou manual que contenha rolos para chapas e fios.

Podemos também utilizar um laminador manual. O processo é igual ao do laminador elétrico – a diferença é que é o usuário quem gira a manivela.

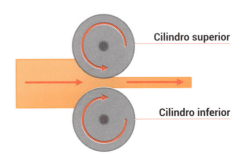

Cilindro superior

Cilindro inferior

Esse processo consiste em passar o metal previamente fundido (lingote ou barra) entre dois rolos giratórios. A redução na espessura resulta das tensões de compressão exercidas pelos rolos do laminador.

PROCEDIMENTO PARA LAMINAR

❖ Ao começar o processo de laminação, é importante que o metal esteja recozido, o que o torna mais maleável e permite a continuidade de deformação sem ocasionar fraturas.

❖ Ajustar os rolos do laminador para começar a passar o lingote ou bloco. É importante que não se feche demais os rolos.

❖ Passar o lingote ou barra pelos rolos de aço à medida que se ajusta a distância entre eles, ou seja, fechando sempre o rolo meia-volta a cada passada do metal.

Com o fechamento dos rolos, o metal é comprimido no sentido da espessura e expandido no sentido do comprimento, até a forma desejada.

Esse processo de laminação diminui gradativamente a maleabilidade do metal (o metal vai endurecendo). Mas se ele endurecer, será necessário recozê-lo de novo.

LAMINAÇÃO DE FIOS E FITAS • Existe uma graduação decrescente dos tamanhos no caso de laminação de fios quadrados e meia-cana. É preciso passar o lingote por cada sulco fechando os rolos. Quando os rolos estiverem totalmente fechados, abra-os e passe para o sulco seguinte (menor), repetindo o processo até a espessura desejada. Sempre que necessário, deve-se recozer o metal.

Fio quadrado

Fio meia-cana

Fita • Para a produção de fitas, deve-se primeiro laminar o lingote no formato de fio quadrado e depois passar pelo rolo na parte plana, achatando o fio até a espessura desejada.

LAMINAÇÃO DE CHAPAS • Esse processo é feito a partir de uma barra previamente fundida na parte plana do rolo, seguindo o mesmo procedimento de ajuste gradual dos rolos giratórios.

TREFILAR

É um processo mecânico em que uma barra, tubo ou fio passa por uma matriz (fieira) com orifícios cônicos em ordem decrescente de tamanho. Essa passagem é feita por meio de força de tração, conformando o diâmetro inicial até o diâmetro final desejado.

O resultado é a redução na área da seção reta do material, com correspondente aumento de seu comprimento. O processo de trefilação é usado para a fabricação de fios em geral.

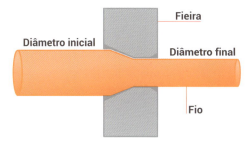

Equipamentos necessários: uma fieira calibrada, um torno ou morsa, um alicate de pressão, cera de abelha.

PROCEDIMENTO PARA TREFILAÇÃO (FIO REDONDO)

❖ Uma vez laminado o metal em fio quadrado, ele é trefilado em uma fieira calibrada para que se transforme em um fio redondo.

❖ Com o auxílio de uma lima, fazer uma ponta no fio quadrado em forma de lápis.

❖ Recozer o fio e passar cera de abelha para lubrificá-lo.

❖ Deixar esfriar naturalmente.
❖ Prender a fieira em um torno fixado na mesa, que também deve estar fixada na parede.
❖ Colocar a ponta do fio em um dos orifícios que corresponda à espessura do metal.

❖ Com um alicate próprio de pressão, puxar o fio até ele passar totalmente pela fieira.

❖ Repetir essa operação até o diâmetro desejado. É importante passar o fio pelos orifícios em ordem decrescente, sem pular nenhum deles.

❖ À medida que passa na fieira, o metal vai endurecendo, podendo rachar e prejudicar o resultado. Portanto, é preciso recozer o metal sempre que necessário.

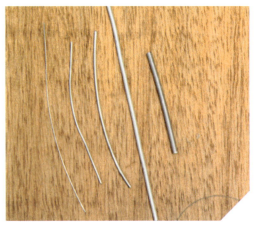

SERRAR

Tem fundamental importância na ourivesaria, e as ferramentas necessárias para efetuar esse processo de trabalho são: um bom arco de serra e serras de tamanhos variados (veja o item "Ferramentas e equipamentos", p. 72).

Para sua perfeita realização, a serra deve ser colocada no arco de maneira correta. O ato de serrar requer paciência e prática do usuário.

COMO MONTAR UM ARCO DE SERRA?

❖ Apoiar o arco de serra na bancada e o cabo no corpo para ter as mãos livres.

❖ Na ourivesaria, usar a serra com os dentes voltados para fora e para baixo (em direção ao cabo do arco), de modo que ela corte sempre quando for puxada, e não quando for empurrada.

❖ Ajustar o espaço do arco de acordo com o tamanho da serra. Prender com a borboleta na parte de trás do arco.

❖ Com a serra presa em uma das extremidades, pressionar o arco de modo a diminuir sua abertura.

❖ Prender, então, o outro lado da serra e retirar a pressão. A serra tem de ficar reta e bem esticada. Uma maneira de descobrir se a tensão está adequada é dedilhar a serra levemente e assegurar-se que emite um som de vibração, como o de uma corda de violão.

PROCEDIMENTO PARA SERRAR

❖ Montar o arco de serra com a serra na dimensão apropriada para o trabalho a ser feito.

❖ É importante observar que não se deve fazer força para serrar o metal.

❖ O ângulo de corte da serra deve ser sempre perpendicular ao metal (o arco deve estar na vertical).

❖ Começar a serrar fazendo uma pequena pressão para criar um "sulco". Depois, deslizar suavemente o arco com movimentos em elipse: uma pequena pressão para a frente quando descer, para que a serra avance, e um leve alívio quando subir.

❖ Apoiar o metal a ser serrado em uma estilheira e segurá-lo muito bem, evitando que ele se mexa.

❖ Qualquer movimento da serra para os lados pode quebrá-la.

❖ Lubrificar a serra com uma pasta adequada sempre que necessário.

CORTES

A serra pode ser usada para fazer diversos tipos de corte.

RETO • descer pressionando levemente a serra e subir afastando, seguindo a linha reta.

CURVAS • fazer o movimento com o punho, seguindo a curva.

CANTO VIVO • ao serrar um canto vivo, não se pode simplesmente virar a serra e seguir o corte na outra direção que forma o ângulo, pois a serra se parte. Quando chegar ao ponto de virar, deve-se manter o movimento de serrar no mesmo lugar enquanto se gira a placa, até a serra ficar alinhada com a próxima direção de corte desejada. A partir daí, pode-se continuar serrando.

VAZADO • para serrar uma peça vazada, deve-se marcar os lugares a serem serrados e furá-los com uma broca; soltar um dos lados da serra no arco. A seguir, introduzir a serra no furo e prender novamente a serra, fazendo a tensão necessária.

CORTE A LASER
A tecnologia do laser veio ajudar a modernizar e otimizar o trabalho do joalheiro, fornecendo principalmente maior precisão. Na ourivesaria, o laser pode ser usado para três finalidades: corte, gravação e soldagem.
CORTE: a vantagem do corte a laser é a maior precisão, principalmente em detalhes minuciosos, além do perfeito acabamento, com a produção de peças mais finas e delicadas.

LIMAR

Consiste em desbastar, esculpir, raspar ou polir com a lima.

Antes de começar a trabalhar com as limas, é importante a escolha certa de seu formato e grau de abrasividade (veja o item "Ferramentas e equipamentos", p. 72).

Elas existem em vários formatos, e cada um deles corresponde a uma necessidade. A área a ser limada determina o perfil da lima a ser utilizada.

❖ Para limar superfícies curvas, utiliza-se as limas com perfil meia-cana ou amêndoa.

❖ Para superfícies planas e convexas, são necessárias as limas paralelas.

❖ Para superfícies angulares, usa-se as limas triangulares ou quadradas.

❖ Para furos, deve-se utilizar as limas redondas.

As limas possuem diferentes graus de abrasividade. As mais grossas desbastam mais rápido, tirando mais metal.

Para acabamento, deve-se usar as limas mais finas. O acabamento é um processo que caminha em direção crescente, ou seja, da mais grossa para a mais fina.

PROCEDIMENTO PARA LIMAR

O metal a ser limado deve ser apoiado na estilheira para ficar mais firme.

A postura correta na banca é fundamental para o trabalho com as limas.

Elas têm dentes voltados para a frente e, ao contrário da serra, devem fazer o movimento de empurrar.

Uma ligeira pressão é o suficiente para que a lima desempenhe seu papel.

O movimento deve ser longo, único e sempre para a frente. A maneira certa de se manusear a lima é segurando-a sempre pelo cabo e evitando segurar no corte da lima, porque a umidade das mãos pode enferrujá-la e diminuir sua vida útil.

A peça a ser limada não pode estar molhada, pois isso danifica as limas.

Cada técnica exige um tipo de lima e procedimento próprio. Veja alguns exemplos:

PARA TIRAR EXCESSO DE SOLDA DE UMA ALIANÇA • Lima de perfil chato para o lado externo da aliança, e lima de perfil meia-cana para a parte interna. O movimento da lima deve acompanhar a aliança.

PARA DEIXAR RETA UMA CHAPA OU FITA • Com uma lima de perfil chato, fazer movimentos contínuos sempre para a frente, até deixar a chapa bem reta.

DAR ACABAMENTO EM PEÇAS COM DETALHES OU VAZADOS • Utilizar limas com o perfil adequado a cada desenho. Se o vazado for muito pequeno, as minilimas devem ser usadas.

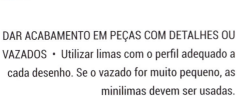

TIRAR O EXCESSO DE METAL • Começar a desbastar com uma lima mais grossa e depois passar para uma lima mais fina. O movimento deve sempre acompanhar o desenho da peça.

Em alguns casos, a peça a ser limada pode ser presa em um morceto, dando assim maior firmeza.

MODELAR

Esse processo significa dar forma ou formar de acordo com um modelo.

Dependendo do trabalho a ser feito, existem várias técnicas e ferramentas adequadas.

Para modelar ou trabalhar o metal, ele deve sempre estar recozido.

Ferramentas utilizadas no processo de modelagem: tribulet, alicates, gabaritos, embutidores, dados de bola e ranhuras, chatoneiras. Martelos de madeira, borracha e plástico ajudam a modelar o metal sem danificá-lo.

UTILIZANDO TRIBULETS • De diversos formatos e tamanhos, eles são usados na confecção de alianças, anéis, braceletes, virolas. Estando o metal recozido, modelar o fio, fita ou chapa em cima do tribulet específico, com o auxílio de um martelo de madeira, borracha ou náilon.

Exemplo:

Aliança   *Anel de bata*   *Bracelete*

UTILIZANDO GABARITOS • Servem para modelar elos e podem ser feitos de latão, aço, cobre e madeira, com diâmetros e formatos diferentes.

Exemplo

Elos • Com o fio bem recozido, modelar os elos ao redor de gabaritos com a espessura desejada.

UTILIZANDO DADOS DE BOLA E EMBUTIDORES • São usados na modelagem de bolas, pastilhas e meia bola.

Exemplo:

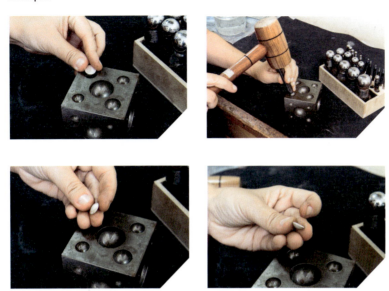

Serrado em forma de círculos, o metal é embutido em um dado com auxílio dos embutidores e de um martelo. O dado tem orifícios de diversos tamanhos e embutidores correspondentes.

UTILIZANDO DADO DE RANHURA • Serve para modelar formatos de telhas, charneiras etc., com o auxílio de gabaritos e embutidores de tamanhos adequados, além de martelos.

UTILIZANDO CHATONEIRA • Depois de soldado e recozido, o chatão é modelado em uma chatoneira.

UTILIZANDO ALICATES • São ferramentas importantes para a modelagem, com formatos e funções diversas que ajudam a modelar chapas, fios e fitas.

Cada alicate possui características próprias que se adaptam a determinadas técnicas (veja o item "Ferramentas e equipamentos", p. 72).

Elos

Gancho

SOLDAR

Consiste em unir duas ou mais peças metálicas fazendo uso de um metal de ponto de fusão inferior (solda), formando uma única peça.

A solda, ao fundir-se com o calor, é atraída à junção dos metais por capilaridade.

No processo de soldagem, pode-se usar maçarico portátil, maçarico de gás ou maçarico de gás/oxigênio.

Existem também as soldas elétricas e a laser. Porém, ao utilizar essas tecnologias, o processo a ser realizado é diferente.

EQUIPAMENTOS UTILIZADOS NA SOLDAGEM: um maçarico, um kit com refratários, telas e colmeias para apoiar as peças que serão soldadas, um fluxo para solda, pincel, ácido para decapagem (sulfúrico ou sal branqueador), água com bicarbonato e pinças.

PROCEDIMENTO PARA SOLDAGEM

❖ A peça a ser soldada deve estar limpa, sem oxidação (decapagem) ou gordura.

❖ As partes que serão soldadas devem estar bem unidas. Se necessário, prenda as partes com fio de ferro para que tenham maior pressão.

❖ A escolha da solda é fator relevante, pois elas têm pontos de fusão diferentes (veja o item "Soldas" p. 37). Normalmente, utilizam-se três tipos de soldas: forte, média e fraca. Deve-se sempre começar a soldar com uma solda de alto ponto de fusão (forte).

❖ É importante lixar as soldas ou colocá-las no ácido para tirar qualquer oxidação superficial ou gordura.

❖ Deve-se passar o fluxo na parte a ser soldada e na própria solda. É fundamental o uso desse fluxo, pois ele age como fundente, ajudando a solda a fluir e evitando a formação de óxidos que costumam aparecer com o calor (veja o item "Produtos químicos" p. 98).

❖ Aquecer primeiro a peça a ser soldada. É importante que a peça esteja totalmente quente, para que a solda possa correr.

❖ Existem diversas técnicas para a soldagem. É possível utilizar soldas em palhões (pequenos pedaços), soldas em fio ou formar pequenas bolinhas de soldas.

❖ Depois da peça aquecida, com o auxílio de uma pinça própria ou uma ponta, colocar a solda na junção e continuar aquecendo a peça. Quando a peça atingir a temperatura próxima do ponto de fusão da solda, pode-se concentrar o fogo na solda.

❖ A escolha da chama a ser utilizada é muito importante. Uma chama mal escolhida ou desregulada pode atrapalhar o procedimento de soldagem.

❖ Depois de a peça ser soldada, o metal fica coberto de óxidos de prata, ouro e cobre, misturados ao bórax. Por isso, é preciso colocar a peça para fazer decapagem, inserindo-a em ácidos próprios, removendo assim a oxidação, impurezas e limpando o fluxo.

CHAMAS

Elas têm cones que apresentam cores diferentes, indicando a intensidade de calor. A parte azul é a zona oxidante e concentra maior quantidade de calor (os gases sofrem combustão completa). A parte amarela é a chama redutora, em que há pouco calor (os gases não sofrem combustão completa).

O local ideal da chama a ser utilizada para o processo de soldagem de metais nobres é entre os dois cones (externo e interno).

O lugar mais quente da chama é a ponta do cone interno.

Mais frio   *Mais quente*   *Mais frio*

CHAMA NEUTRA • É o resultado da mistura de gás e oxigênio, em partes iguais. Apresenta duas zonas bem definidas: o cone e o envoltório. Ideal para a soldagem, essa chama é um meio-termo entre as chamas redutora e oxidante.

Nela está presente apenas o ar necessário à combustão, cuja quantidade de oxigênio é suficiente para a queima.

CHAMA REDUTORA • Mistura de gás e oxigênio, com excesso de gás. Apresenta três zonas bem definidas: cone, envoltório e o véu. Sua cor é amarelada, com pouco oxigênio.

CHAMA OXIDANTE • Mistura de gás e oxigênio, com excesso de oxigênio. São duas as zonas bem definidas: cone e envoltório. Com excesso de oxigênio, a chama fica muito azul e barulhenta. O oxigênio aquecido facilita a formação de óxidos (manchas), por isso ela é desaconselhável para soldas.

ATENÇÃO
Colocar sempre o fluxo para solda no local a ser soldado e na solda.

FLUXO PARA SOLDA • Existem, no mercado, algumas marcas de fluxos próprios para soldagem de metais nobres. Todos eles possuem uma base de bórax ou ácido bórico.

O fluxo é fundamental para o procedimento de soldagem, pois ajuda na fusão da solda, além de prevenir a oxidação. Ele cria uma camada protetora isolando o metal da atmosfera e dissolvendo os óxidos formados.

A quantidade de fluxo a ser colocado na peça também é importante, uma vez que a solda corre pelo fluxo.

Exemplos:

No processo de soldagem, é essencial conhecer a técnica, além de se ter muito cuidado e atenção. Existem maneiras diversas de soldar que dependem do tipo de peça a ser soldada e da preferência do profissional.

SOLDANDO UMA ALIANÇA
❖ Colocar o fluxo para solda no local a ser soldado e na solda.
❖ Aquecer a peça toda e, em seguida, colocar um palhão ou bolinha de solda na junção.
❖ Dar calor até a solda correr.

SOLDANDO ELOS

❖ Utilizar pequenos pedaços de solda em formato de palhão ou bolinha, que são colocados na junção, e dar calor até a solda correr.

❖ Não esquecer de colocar o fluxo.

SOLDANDO PINO DE BRINCO

❖ Derreter uma solda na ponta no pino (que deve estar limada reta para dar maior contato com a base).

❖ Colocar o fluxo no pino e no local que deseja soldar o pino.

❖ Aquecer a base de metal primeiro e, em seguida, apoiar o pino no local desejado. Dar calor na base até a solda correr.

❖ Não retirar o pino enquanto a solda estiver brilhando.

SOLDANDO UM ELO

❖ Derreter a solda no elo.

❖ Colocar o fluxo para solda no local a ser soldado, tanto na solda como no elo.

❖ Primeiro, aquecer a peça toda. Em seguida, colocar o elo no lugar desejado e continuar aquecendo a peça até a solda correr.

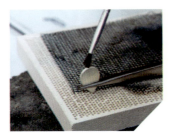  

SOLDANDO UM MEIO ELO NA PEÇA

❖ Derreter a solda no meio elo.

❖ Colocar o fluxo para solda no local a ser soldado e no meio elo.

❖ Primeiro, aquecer a peça toda. Em seguida, apoiar o elo na peça e voltar a aquecê-la até a solda correr.

SOLDANDO UMA APLICAÇÃO

❖ Em trabalhos com aplicação, deve-se primeiro derreter a solda na peça a ser aplicada (a menor peça). Para isso, distribuir as soldas em cima da peça e dar calor até derreter. Quando a solda estiver correndo, espalhá-la sobre toda a peça com o auxílio de uma ponta ou um fio de ferro.

- Colocar a peça já com a solda sobre a base a ser aplicada, e voltar a dar calor até a solda correr.
- Não esquecer do fluxo em todas as etapas.

 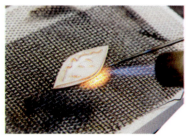

SOLDANDO UM FUNDO DE UMA VIROLA

- Para colocar um fundo em uma virola ou bata, deve-se cortar a chapa de base um pouco maior e distribuir as soldas por fora, ao redor da virola.
- Colocar o fluxo para solda no local a ser soldado e na solda.
- Aquecer toda a peça utilizando primeiro uma chama "boba" (sem ar), para fixar as soldas e evitar que saiam do lugar. Em seguida, com a chama normal, aquecer toda a peça até a solda derreter.

SOLDANDO UMA GARRA

- É possível soldar as garras uma a uma ou em grupo (aranha).
- Primeiro, deve-se derreter um pequeno pedaço de solda em cada garra.
- É importante aquecer inicialmente a base para, em seguida, colocar a garra no lugar desejado e dar calor até a solda correr.
- Não esquecer de colocar o fluxo no local em que será soldada a garra.

SOLDANDO UM FORRO

❖ Depois de colocar o forro dentro do anel, distribuir as soldas ao redor de toda a peça.

❖ Esse processo é feito aos poucos, girando a peça à medida que vai soldando.

❖ Colocar o fluxo para solda no local a ser soldado e na solda, e distribuir o calor por toda a peça até a solda correr.

ATENÇÃO

Ao trabalhar com peças delicadas, deve-se utilizar um bico de maçarico pequeno para evitar que a peça se funda. Se a peça possuir muito metal, aumentar o bico do maçarico a fim de facilitar o trabalho.

MANCHAS DE OXIDAÇÃO

O aparecimento dessas manchas no metal é muito comum. Ao recozer ou fazer alguma solda, os cristais do metal se afastam permitindo a entrada de oxigênio, que forma os óxidos. Quando a temperatura atingida é muito alta (maior que 800°C), a formação desses óxidos é mais profunda. As soldas fortes (com alto ponto de fusão) se fundem na faixa de 800°C, consequentemente provocam mais manchas.

Quando o metal esfria, os cristais se aproximam de novo, isolando os óxidos em seu interior e dificultando sua decapagem. Muitas vezes, eles só poderão ser retirados por meio de um processo abrasivo (limar e lixar).

O cobre existente nas ligas também é responsável pelo aparecimento de manchas negras. Na prata, elas são muito comuns, e sua remoção é bem trabalhosa. Por isso, devemos tomar muito cuidado com todo o processo de soldagem, decapagem, acabamento e polimento, evitando que a peça acabada fique com manchas indesejáveis.

SOLDA LASER

O laser vem sendo muito aplicado na ourivesaria por permitir melhor qualidade no acabamento, principalmente em soldas delicadas. Nesse processo, não é preciso utilizar soldas. Além disso, possibilita a soldagem da peça já com pedras ou outros materiais, sem danificá-los. É também muito utilizada em pequenos reparos e consertos.

Essa tecnologia facilita bastante o processo de fabricação, porém seu custo é mais elevado.

DECAPAR

Processo que visa à remoção de oxidação, gorduras e impurezas sobre a superfície metálica. Manchas de oxidação aparecem quando o metal é recozido ou soldado. Com temperatura muito elevada, a oxidação é maior, tornando a decapagem mais difícil. Esta é feita em uma solução ácida, normalmente ácido sulfúrico ou sal de branqueamento (veja o item "Produtos químicos", p. 98), que reage com os óxidos e o bórax, eliminando-os.

No caso do uso do ácido sulfúrico, o preparo deve ser realizado em lugar ventilado, com o uso de máscaras próprias, pois é muito tóxico. Devemos colocar a solução em um reservatório de vidro (na proporção de três medidas de ácido para uma de água), colocando primeiro sempre a água e, lentamente, o ácido por cima, nunca o contrário.

Existe, no mercado, uma solução de sal branqueador também utilizada para fazer a decapagem, sendo bem menos tóxica.

O ideal é que esses ácidos estejam quentes, pois desse modo a decapagem ocorre mais rápido. Durante esse processo, são liberados gases que podem causar algum tipo de irritação ao usuário. Por isso, deve-se ter muito cuidado para não aspirar esses gases.

Usar somente pinças de cobre, madeira ou plástico para manusear as peças no ácido.

O fio de ferro, normalmente utilizado para amarrar as peças a serem soldadas, deve ser retirado antes de colocar a peça no ácido. O fio de ferro reage com o ácido deixando a peça levemente rosada.

Depois da decapagem, deve-se colocar a peça em uma solução de água com bicarbonato para neutralizar.

É importante ter pronto sobre a bancada um reservatório de ácido para o uso de peças em prata, e outro para peças em ouro, além da água com bicarbonato.

LIXAR

Significa desgastar, raspar, polir com lixa. Na ourivesaria, utilizamos as lixas para retirar as marcas de limas e manchas de oxidação. Esse processo de lixar é fundamental para o bom acabamento da peça.

As lixas têm graduações diferentes: as mais grossas retiram muito metal (para desgastes), e as mais finas são para o acabamento. Elas devem ser utilizadas sempre na ordem da mais grossa para a mais fina (veja o item "Ferramentas e equipamentos – Lixas" p. 72).

É importante não "pular" a granulação da lixa, pois cada uma retira gradativamente as marcas da anterior. Quanto mais fina a lixa usada, mais polida ficará a peça final.

Dependendo da superfície a ser lixada, é possível utilizar as lixas presas a um mandril (porta-lixa) no motor de chicote, envoltas em um pedaço de madeira ou sozinhas em cima de um taz. Não é aconselhável o uso de lixas no mandril para superfícies planas, pois pode criar ondulações.

PROCEDIMENTO PARA LIXAR
USO DA LIXA NO MOTOR DE CHICOTE
❖ Colocar pedaços de lixa, em forma de fita, enrolados no mandril porta-lixa. Se preferir, é possível prender essa lixa com uma fita adesiva. Preparar os mandris com as lixas em ordem crescente de granulação.

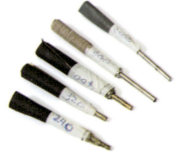

❖ Colocar o mandril no motor de chicote.

❖ Segurar bem a peça a ser lixada.
❖ Passar cada lixa em toda a superfície da peça.

❖ É possível lixar as peças utilizando talas de madeira.
❖ Preparar também as talas de madeira com as respectivas lixas.

USO DA LIXA NO TAZ

❖ Para superfícies retas, passar a lixa em cima do taz.

❖ Depois de bem lixada, a peça estará pronta para ser polida.

USO DE ABRASIVOS DE BORRACHA

Muito utilizados na fase de acabamento para tirar marcas de excessos de soldas e imperfeições, os abrasivos de borracha, encontrados em várias cores, são
presos no motor de chicote. Cada cor de borracha apresenta uma abrasividade
diferente. É preciso cuidado no uso desses discos para não criar "sulcos" na peça.

POLIR

É a etapa de lustrar, abrilhantar, tornar polido.

O polimento da joia reativa o brilho da superfície do metal e faz parte do acabamento de uma peça, que antes desse processo deve estar bem lixada.

É possível fazer em máquina específica – a politriz – ou no motor de chicote.

Para polimento e limpeza final, é possível também utilizar tamboreadores (rola-rola), aparelhos ultrassônicos e vibradores.

UTILIZANDO A POLITRIZ

❖ Fixar a politriz em uma bancada própria.
❖ Separar cada pasta de polimento com suas respectivas escovas antes de começar o trabalho na politriz.

- O polimento em uma peça é feito com massa de polir de grão grosso (existem várias opções no mercado) e escova de crina (mais abrasiva) ou escova de algodão (menos abrasiva).
- Segurar a peça com firmeza para não escapar das mãos.
- Usar luvas e dedeiras próprias, porque o metal esquenta ao ser polido.
- Girar a peça enquanto é esfregada na escova (que é abrasiva) para evitar que seja desbastada apenas em um lugar, deixando marcas indesejáveis.
- A massa de polimento ajuda a tirar as manchas negras e deixar a superfície do metal bem lisa.

- Usar cones apropriados (com suas respectivas pastas) para o polimento interno de alianças e anéis.

- Depois de bem polida, sem manchas ou imperfeições, a peça deve ser lavada com água quente, sabão de coco e amônia, para retirar qualquer vestígio da massa e não contaminar as escovas na hora de puxar o brilho.

❖ Depois de bem lavada e seca, a peça vai ser polida com uma massa de grão fino, para que seja dado o brilho.

Há, no mercado, vários tipos de massa para brilho e autobrilho. As escovas para o brilho devem ser de algodão ou flanela e só podem ser usadas com a pasta de brilho.

Não é necessário o uso de muita pasta, pois seu excesso pode causar manchas.

❖ Usar feltros próprios para acabamento interno de alianças e anéis.

❖ Depois do brilho, lavar novamente a peça com água quente, sabão de coco e amônia, para a retirada da massa.

No processo de polimento, é indicado uso de óculos de proteção e máscara.

UTILIZANDO O MOTOR DE CHICOTE

Existem escovas semelhantes às usadas na politriz para serem usadas no motor. Cada uma delas deve também ser empregada com suas respectivas pastas. O procedimento é o mesmo que o utilizado na politriz. Sempre que terminar um trabalho, lavar bem para a retirada da pasta. Discos de borrachas ou polimento ajudam no acabamento da joia.

ACABAMENTO FINAL • Depois do polimento, pode ainda ser feita na peça uma limpeza utilizando tamboreadores (rola-rola), aparelhos ultrassônicos e vibradores.

Tamboreadores

O tamboreador é usado com bilhas de aço de diversos tamanhos.
- ❖ Colocar a peça no tambor do rola-rola com um pouco de xampu e água.
- ❖ Deixar rolar por aproximadamente 15 minutos.
- ❖ É importante limpar e desengordurar as bilhas com frequência. Para desengordurar, utiliza-se um pó próprio e deixa-se rolar por 20 minutos.

Outros processos

Outros processos • Na ourivesaria, existem técnicas específicas que podem ser utilizadas antes da confecção da peça, o que traz um diferencial à joia e propicia diversas opções de criação.

TEXTURAS

Quando trabalhamos com metal, é possível dar diferentes efeitos de textura em sua superfície. As texturas podem ser feitas antes e depois da peça pronta.

Aquelas que são feitas antes da confecção da peça deformam o metal. Entre elas, podemos destacar:

MARTELADO • com o uso de martelos, marcar o metal criando texturas diversas. Nessa técnica, podemos utilizar também embutidores ou outras ferramenta de ferro, criando diferentes efeitos. O metal precisa estar bem recozido, e é importante trabalhar sempre em cima de um taz. A direção em que martelamos também influencia no desenho da textura.

Exemplos de joias em que se utiliza essa técnica

Braceletes martelados em prata 950

❖ O metal fica deformado depois que é martelado.
❖ Para deixá-lo reto, recozer e bater com um martelo de madeira em cima do taz.
❖ Pode-se trabalhar essa textura sobre chapas, fios e fitas.
❖ Superfícies marteladas não devem ser lixadas com lixas grossas, pois o efeito da textura pode ser removido.

RETICULADO • é quando a superfície do metal é fundida criando um efeito de textura enrugada. Essa técnica permite fazer texturas interessantes, muitas vezes com bolhas. É importante não trabalhar com chapas muito finas, pois elas podem furar.

❖ Iniciar aquecendo o metal com o maçarico (gás ou gás/oxigênio) como se estivesse recozendo.

Exemplos de joias em que se utiliza essa técnica

Anel em prata 950 reticulada e turmalina melancia

❖ Quando o metal começar a ficar muito vermelho, ele atinge o ponto de fusão e começa a fundir na superfície. Ao reticular, as bordas do metal também sofrem deformações interessantes, que muitas vezes podem ser utilizadas na criação da joia.

Pendente em prata 950 reticulado com bolinhas de prata e madrepérola

❖ Depois da textura feita, deixar o metal esfriar um pouco e colocar para decapar em uma solução ácida. Esse processo de decapagem é fundamental para deixar o metal bem claro, livre de manchas de oxidação.

Costuma-se utilizar essa técnica para reticular chapas.

Broches em prata 950 reticulado com bolinhas de prata

TEXTURAS FEITAS NO LAMINADOR • é possível criar texturas utilizando a prensagem no laminador da chapa de metal com algum material.

❖ Para realizar essa técnica, o metal a ser texturado deve estar bem recozido.

❖ Colocar o outro material, que servirá de modelo de textura entre as chapas, formando um "sanduíche".

❖ É possível utilizar telas, fios de ferro, rendas, lixas grossas, entre outros materiais.

❖ Em seguida, colocar no laminador, ajustar os rolos e laminar prensando o metal e marcando-o.

Exemplo de joia em que se utiliza essa técnica

Bracelete em prata 950 texturado com renda

É possível utilizar como modelo de texturas grades de ferro, tecidos, fios de ferro, gabaritos próprios.

Depois, as chapas e fios confeccionados com as texturas podem ser utilizados em diversas técnicas de produção.

CASAMENTO DE METAIS

É a união de dois ou mais metais de cores diferentes, como ouro, prata, cobre e latão, para a fabricação de chapas e fios.

Depois de unidos, o metal aparenta ser um só, mas com cores e desenhos diversos, criando uma superfície interessante e muitas vezes única.

Existem várias técnicas para se fazer um casamento de metais, desde as mais simples até as mais complexas, como o mokumê gane.

Podemos fazer essa união utilizando ou não soldas.

TÉCNICA SEM O USO DE SOLDA • Um metal é colocado sobre o outro, com o uso do maçarico. Aquecemos até eles atingirem o ponto de fusão, quando se fundem e se unem.

Para essa técnica, é fundamental que os metais tenham pontos de fusão parecidos.

TÉCNICA COM O USO DE SOLDA • Os metais são unidos soldando um ao outro. Nesse caso, também é possível utilizar diferentes técnicas.

Sobreposição: um metal em forma de chapas ou fios é soldado sobre o outro e, depois, laminado. Com as chapas, é possível trabalhar recortes diversos, e com os fios modelar diversas formas.

❖ In lay de metais: um metal é encaixado em outro que possui um vazado igual. Depois, eles são soldados e lixados. Pode-se utilizar o encaixe de chapas recortadas com desenhos ou fios de diferentes perfis. Os metais devem possuir a mesma espessura.

É importante que o encaixe dos metais seja perfeito, sem apresentar vãos, dando assim melhor resultado. Na técnica de casamento de metais, o profissional tem mais controle em relação ao desenho final. Se quiser, pode passar a chapa ou fio pelo laminador e criar efeitos.

❖ Torção de fios: vários fios redondos de metais diferentes e fios de solda são torcidos com o auxílio de um alicate próprio. Depois, são soldados e laminados em forma de chapas, fitas, ou trefilados em fios de dimensões diversas.

❖ Listrado: fios quadrados de espessuras iguais e cores diferentes são soldados lado a lado e depois laminados, formando uma chapa listrada. É possível criar outras padronagens serrando de diferentes modos os fios quadrados soldados. É importante que os metais utilizados no casamento tenham propriedades parecidas a fim de produzir um bom resultado.

Depois, as chapas e fios confeccionados podem ser utilizados em diversas técnicas de produção.

Exemplos de joias em que se utiliza essa técnica

Peças em prata 950, cobre e latão

MOKUMÊ GANE

Consiste em criar um bloco reunindo várias chapas de metais de cores diferentes.

Para esse processo, utilizar chapas do mesmo tamanho, que são lixadas e limpas (livre de qualquer gordura ou oxidação). A seguir, elas são empilhadas e prensadas alternando-se as cores.

Depois, essas chapas são soldadas, o que exige muito calor e cuidados especiais para que o trabalho tenha um resultado perfeito. É possível unir as chapas sem utilizar soldas pela fusão dos metais.

Em seguida à soldagem, o bloco pode ser trabalhado de várias maneiras, por meio de relevos e morsas, fresando, limando, fazendo sulcos e frisos, formando efeitos diferentes.

Por fim, o bloco é laminado, reduzindo sua espessura e criando chapas com desenhos diferentes na superfície.

É uma técnica complexa que exige cuidado em todas as etapas para se chegar a um resultado satisfatório.

Tal técnica é assim denominada porque os desenhos que surgem na chapa laminada assemelham-se a veios de madeira.

Mokumê = linhas ou veios de madeira
Gane = metal

Essa técnica é encontrada na fabricação de lâminas e punho de espadas.

Na joalheria, o mokumê é muito valorizado por sua beleza e diversidade.

Depois de prontas, as chapas podem ser trabalhadas em várias técnicas de produção de joias.

KEUM-BOO

Consiste na aplicação de folhas finas de ouro (folhas próprias para esse processo) sobre a superfície de outro metal (em geral, a prata), criando desenhos e contrastes.

A chapa de base deve passar pela decapagem a fim de eliminar a oxidação e a gordura. Depois de bem limpa, ela é submetida a um aquecimento lento (placas elétricas), para só depois receber a aplicação da folha de ouro, já recortada na forma ou desenho desejado.

Após a aplicação, é possível trabalhar a chapa de diversos modos.

FORJA

Uma das maneiras mais antigas de trabalhar o metal, a forja é utilizada para dar-lhe formas variadas.

Na Antiguidade, a forja era utilizada também na fabricação de chapas.

* Com o auxílio de um martelo próprio e sobre uma base de aço (taz, tribu-let, bigorna), trabalha-se o metal deformando-o e criando formas diversas e harmoniosas.
* O martelo deve ser usado na parte reta para formar uma superfície mais homo-gênea, sem deixá-la texturada.
* O sentido das marteladas possibilita criar formas interessantes e diferentes.
* Começar sempre com o metal com espessuras mais grossas.
* Ao martelar o metal, consegue-se obter espessuras diferentes, cada vez mais finas.
* Esse trabalho requer que o metal seja sempre recozido, pois, ao ser forjado, ele endurece e pode rachar.

É possível utilizar esse processo em diversas técnicas de produção.

Exemplos de joias em que se utiliza essa técnica

Peças em prata 950 com geodos

CINZELAGEM

Técnica utilizada para criar relevos e volumes na superfície do metal, também co-nhecida como "repuxo".

Na cinzelagem, são utilizadas ferramentas específicas como cinzéis e marte-los de cinzelar. Os cinzéis servem para marcar e modelar o metal e são fabricados pelo próprio cinzelador de acordo com a necessidade de cada desenho. Possuem formas e tamanhos diferentes.

O metal, depois de desenhado, é trabalhado sobre uma superfície de massa feita especialmente para fixar e trabalhar a peça.

A cinzelagem é um trabalho minucioso e demorado que requer muita habilidade.

Exemplos de joias em que se utiliza essa técnica

Pendentes em prata 950 forjados

GRAVURA COM ÁCIDOS

Permite a criação de desenhos em baixo-relevo no metal por meio da corrosão com ácidos. É muito utilizada para aplicação de esmaltes e resinas.

Existem técnicas diferentes para fazer gravura em metal, porém todas elas utilizam o processo de isolamento das partes que ficaram em alto-relevo com um material próprio.

❖ A chapa é submersa em uma solução de ácido (em geral, o nítrico), que começa a corroer o metal desprotegido, formando um baixo-relevo no desenho.

❖ O tempo de corrosão vai variar de acordo com a concentração do ácido utilizado no preparo da solução.

❖ Esse processo requer muito cuidado, pois são utilizados ácidos fortes que não devem ser inalados.

❖ Depois de pronta, a chapa de metal deve ser lavada e neutralizada em uma solução de água com bicarbonato, e o material isolante removido.

Modelagem em cera

Uma joia pode ser confeccionada por meio da modelagem, pois ela permite ao artista criar formas e movimentos mais orgânicos, sinuosos, relevos, peças arrojadas, complexas e com detalhes minuciosos. Nesse processo, o modelo da joia é retirado de um bloco de cera, ou seja, o artista esculpe a joia.

Fazer o modelo de uma peça em cera demanda planejamento para se traçar o caminho a ser seguido. O modelista estuda o desenho da peça para começar seu trabalho, que vai desde a escolha da cera mais adequada até o processo a ser utilizado.

O tipo de cera depende do modelo a ser confeccionado. Há ceras de diversos formatos e cores, que correspondem a durezas diferentes para facilitar o trabalho do joalheiro e evitar o desperdício de material e tempo. Existem ceras em formatos próprios para anéis, alianças, braceletes, blocos, fios e chapas.

A iluminação é fundamental para a execução desse trabalho que requer muita precisão.

Além disso, a postura na bancada e a firmeza do apoio são de extrema importância: praticamente todos os passos da modelagem em cera exigem do profissional o apoio dos braços e das mãos, para que os riscos e as limadas sejam perfeitas.

Depois de pronta a peça em cera, inicia-se o processo de fundição por cera perdida, obtendo o modelo no metal desejado. A peça fabricada pode ser única ou ser usada como modelo na reprodução em série.

A modelagem em cera utiliza-se de diversos processos ou etapas de confecção, que vão do preparo da cera até o acabamento final do modelo a ser reproduzido na fundição.

PREPARAR A CERA

O desenho da peça define como a cera deve ser preparada. Basicamente, é o corte do bloco, tubo ou chapa nas medidas e formatos do modelo a ser feito. Certos cuidados na preparação da cera são imprescindíveis para uma boa modelagem.

Dependendo do corte, a ferramenta usada pode ser uma serra espiral própria para cera, uma serra de ourives para cortes mais minuciosos ou uma serra mais grossa. Depois do corte, a cera deve ser limada a fim de serem tiradas as marcas da serra e colocada no esquadro, se for preciso. Muitas vezes, é necessário colocar primeiro a cera no esquadro para fazer as marcações e aí então serrá-la.

Deve-se deixar a superfície da cera bem lisa para facilitar o desenho do modelo e a visualização dos riscos de marcação. Superfícies repletas de arranhões e marcas de lima fazem com que o traço do modelo desejado fique confuso.

No caso de anéis, é importante colocar o tubo na medida certa do dedo. Para isso, usa-se o tribulet raspador.

USO DO TRIBULET RASPADOR • Ele serve para colocar o anel ou aliança a ser modelado no tamanho desejado do dedo.

Depois do tubo cortado, colocar o tribulet raspador dentro do orifício do tubo girando-o lentamente no sentido horário para retirar o material. É importante que esse processo seja feito dos dois lados a fim de que o diâmetro interno fique igual.

Verificar sempre a medida do diâmetro interno do anel em um pau de medida.

Para um bom resultado, deve-se ter cuidado em não inclinar o tribulet raspador para os lados, para cima ou para baixo. Isso evitará que o modelo fique com o orifício inclinado (torto).

A lâmina do tribulet deve ter no máximo 1,5 mm de altura. Lâminas muito altas dificultam o trabalho, produzindo uma superfície dentada.

DESENHAR O MODELO

Preparada a cera, pode-se iniciar a etapa de desenhar ou riscar o modelo utilizando linhas de referências, que serão marcadas de acordo com o modelo a ser confeccionado. Elas são de suma importância na confecção de uma peça em cera, pois servem como referência para detalhes da peça como: espessuras, altura da mesa do anel, o centro do anel, as laterais, os contornos, as medidas de largura, entre outras.

Essas linhas de referência facilitam o trabalho do modelista evitando que a peça fique torta e fora de esquadro.

ESPESSURAS

ALTURA DA MESA DO ANEL

CENTRO DO ANEL

LATERAL E LARGURA DO ANEL

Em casos de esculturas, recomenda-se colar um adesivo na cera e pontilhar com uma agulha ou ponta-seca para marcar o desenho.

Esse tipo de trabalho demanda boa noção de desenho geométrico.

MARCAR AS LINHAS E DESENHOS

É essencial que as marcas das linhas não sejam profundas, pois isso poderá dificultar o acabamento final do modelo. Basta que essas marcas sejam visíveis e limpas para o trabalho.

Ferramentas de precisão para marcar as linhas de referência (ou mesmo os desenhos): paquímetros, compassos e transferidores, gabaritos, moldes e ponta-seca bem fina.

PONTA-SECA • deve ser fina e afiada a fim de produzir um traço mais preciso. Para que essas linhas fiquem mais visíveis, é possível utilizar talco depois da superfície riscada e retirar o excesso com um pano.

A ponta-seca bem afiada poderá ser usada a fim de pontilhar o modelo, marcando o desenho a ser feito. Isso é muito utilizado nos casos de esculturas.

COMPASSO • fundamental na modelagem em cera, essa ferramenta tem duas pontas-secas de tamanhos diferentes. A maior serve para dar apoio, e a menor para fazer o risco. As pontas devem estar sempre afiadas, pois assim riscam melhor a cera.

Com o compasso, é possível transferir as medidas para a cera, marcando o centro, linhas de segurança, espessuras, larguras, além de círculos.

Na maioria dos casos, o compasso deve ser mantido estático, enquanto a peça é girada ou movimentada.

GABARITOS • em forma de círculos e elipses, eles ajudam muito o modelista na marcação dos modelos. Ao utilizar esses formatos, é preciso encontrar o centro da peça, traçando e marcando com a ponta-seca dois riscos em forma de cruz, em que as linhas de referências dos gabaritos se apoiarão.

Há também, no mercado, gabaritos específicos para modelagem em cera, em formatos de anéis variados, formas e tamanhos de gemas, entre outros. Esses gabaritos facilitam muito o trabalho do designer e do modelista.

MOLDES • podem ser feitos antes de confeccionar o modelo. São desenhos em papel vegetal, fotos ou papel impresso, colados na cera para a transferência do desenho.

SERRAR

Com forma espiral, a serra própria para cera deve ser colocada no arco de serra, no sentido do cabo do arco, e não para a frente.

A montagem da serra no arco é idêntica à utilizada na ourivesaria.

O formato espiral da serra é próprio para materiais macios e pastosos, o que permite serrar para todos os lados.

As serras possuem tamanhos variados, desde a mais grossa até a mais fina. A escolha da serra é importante para um bom trabalho.

Depois de transferir o desenho ou medidas para a cera adequada (bloco, placa ou tubo), começar a serrar o modelo e, para isso, utilizar serras espirais próprias para cera ou mesmo serras finas de ourives para um trabalho mais detalhado.

O movimento da serra deve ser suave, tomando-se cuidado para que o arco sempre fique na perpendicular. Assim, chega-se a um corte reto e preciso.

Usa-se a serra para retirar as partes que não compõem o desenho, sempre com atenção para deixar uma distância de pelo menos 1 mm da linha do desenho.

SERRANDO O TUBO DE CERA • Girar o tubo à medida que ele vai sendo serrado, para que o corte fique todo por igual.

Em alguns casos, são usadas serras mais grossas (tipo starret) ou um cortador próprio para cera, principalmente para cortes retos e angulares.

SERRANDO PARTES DA PEÇA • Pode ser utilizada tanto a serra espiral como a serra de ourives.

SERRANDO DESENHOS PARA ESCULTURAS • Nesses casos, são usadas serras de ourives para um corte mais delicado.

SERRANDO PEÇAS VAZADAS E LINHAS CURVAS • Para serrar vazados, utilizar o mesmo processo da ourivesaria.

Fazer um furo com uma broca espiral no local do vazado, abrir um lado do arco de serra para colocar a serra no furo, fechar o arco e começar a serrar. Ao trabalhar com linhas curvas, é importante manter a serra na posição vertical, fazendo movimentos de baixo para cima enquanto a peça que está sendo cortada é lentamente girada.

LIMAR

Depois de serrar a cera, utilizam-se as limas para retirar o excesso, suavizar as marcas da serra e chegar até a linha desejada ou até a chamada "linha de segurança", que só será apagada na etapa de acabamento, pois ela serve de referência durante todo o processo da modelagem.

LIMANDO PARA TIRAR EXCESSO DE CERA

LIMANDO PARA NIVELAR A SUPERFÍCIE

LIMANDO PARA MODELAR

Existem limas próprias para a modelagem em cera, mas também podem ser utilizados os modelos de limas iguais aos da ourivesaria. O importante é não misturar as limas usadas na modelagem com as limas utilizadas na ourivesaria para não contaminar a cera com pó de metal.

As limas mais grossas são usadas para retirar mais material, principalmente quando se estiver distante da marca. À medida que se chega perto da linha, é necessário passar para uma lima mais fina a fim de evitar a retirada excessiva da cera.

É importante trabalhar com toda a extensão da lima, já que essa prática exige menos força e pressão contra o modelo, além de evitar a quebra da cera. As limas devem ser levemente pressionadas para a frente e afrouxadas quando puxadas para trás, e quanto mais perto estiverem da linha desejada, mais suaves e curtos devem ser os movimentos.

A peça a ser limada precisa estar bem apoiada, e é necessário cuidado não só com a postura na bancada, bem como com a posição da lima.

Cada formato da lima é apropriado a um tipo de trabalho. Use a lima adequada à superfície que será trabalhada. No caso de blocos de cera, a lima não pode perder o contato com a peça, e os movimentos devem ser abrangentes para deixar a superfície plana.

Durante a limada, observar sempre as linhas de referência feitas anteriormente na cera para orientação.

No caso de superfícies grandes, procure utilizar limas mais largas para evitar deixar sulcos no modelo.

Se for preciso limar curvas externas (anéis e alianças), deve-se utilizar uma lima reta, e seu movimento deve ser curvo para que a peça não fique facetada.

Nas curvas internas, deve-se utilizar uma lima meia-cana ou redonda. Em caso de cantos vivos internos, a lima aconselhada é a de perfil quadrado, triangular ou reto.

MODELAR E ESCULPIR

Depois da peça serrada e limada, o próximo passo é dar forma ao modelo. Cada desenho exige uma maneira diferente de se modelar. A modelagem em cera possibilita trabalhar retirando e/ou acrescentando cera.

Nesse processo, dependendo sempre do modelo a ser feito, são utilizadas várias ferramentas, incluindo as limas e as lixas, principalmente as mais finas, que propiciam acabamento suave.

BROCAS E FRESAS • usadas para desbastes externos e internos, definem o desenho e lhe dão assim volume e forma. As fresas existem em vários tamanhos, e as mais usadas são as bolas e espigas. Elas são utilizadas no motor de chicote, que deve ser operado em uma rotação mais baixa a fim de evitar erros e o aquecimento da cera.

O modelo e a mão que segura a caneta do motor com a fresa devem estar sempre bem apoiados para obter um trabalho mais limpo e preciso.

ESPÁTULAS • ferramentas muito utilizadas na modelagem, principalmente em esculturas, raspagem, acabamentos internos e externos. De formatos diversos, permitem retirar material com delicadeza, dando formas suaves ao modelo. Muitas vezes, o próprio modelista afia suas espátulas com esmeril, formatando-a de maneira específica para o trabalho que está realizando.

Quando afiadas, deve-se tomar o cuidado de deixar as espátulas polidas e sem ranhuras para obter um bom resultado.

BURIL • serve para modelar e marcar sulcos e pequenos detalhes.

BISTURI • utilizado na modelagem para a raspagem de material, traço de linhas, acabamentos detalhados, cortes de modelo, retoques em cantos vivos etc. É importante ter cuidado com o bisturi, pois, depois de usá-lo, deve-se lembrar sempre de retirar a lâmina e guardá-la em lugar apropriado.

Em trabalhos com pequenas esculturas, a retirada do material deve ser feita de maneira progressiva e de acordo com o desenho da peça, deixando sempre primeiro os relevos mais altos e depois os relevos mais baixos.

Para modelar relevos, é possível optar também pelo preenchimento com cera, que pode ser feito com pirógrafo, ferro de solda ou canetas apropriadas.

PIRÓGRAFO • utilizado para reparos, preenchimentos com cera, gotejamentos e fixação de partes (solda). Tem regulagem de temperatura, o que facilita o trabalho do modelista, e suas pontas bem finas auxiliam o processo, podendo ser usado para fazer texturas na cera.

FERRO DE SOLDA • ao contrário dos pirógrafos, apresenta uma temperatura fixa e também é utilizado para fazer texturas, reparos e soldas, além de preenchimento de cera. Porém, é mais indicado para modelos maiores e união de blocos e placas, sendo desaconselhável para detalhes.

CANETAS • como os pirógrafos, as canetas têm uma ponta bem fina e aquecimento mais suave; são muito utilizadas para pequenos reparos, detalhes e texturas. Funcionam com pilhas, e o modelista regula a caneta na mão.

PISTOLA DE CERA • funciona a quente, o que possibilita derreter a cera fazendo texturas e vários efeitos.

SOLDAR E ENXERTAR

Feita com cera quente, utilizando o ferro de solda, pirógrafo ou caneta, a solda é o processo de unir as partes. Depois do esfriamento da cera, pode-se continuar a modelagem.

As partes a serem unidas precisam estar bem juntas, evitando a fragilidade da cera.

Muitas vezes, é preciso "enxertar" cera para fazer relevos, pequenos reparos ou produzir texturas. Com esse objetivo, usar cera derretida. Para continuar a trabalhar no modelo, deve-se sempre esperar a cera esfriar.

Em casos de erros, a modelagem em cera permite reparos, que são feitos com ferros de soldas, canetas e pirógrafos. Esse tipo de reparo exige atenção, pois pode gerar bolhas de ar internas e enfraquecer a cera causando problemas futuros na fundição. Há situações em que uma solda aplicada em um modelo quase pronto pode fazer a cera se contrair, entortando a peça.

As pontas dos ferros de solda, canetas e pirógrafos devem estar sempre limpas, porque a sujeira ou a própria cera queimada estragam o modelo. Todos esses cuidados ajudam na fabricação de um modelo de cera perfeito e a ter, no final, uma peça fundida sem apresentar problemas.

DESBASTAR

Antes de começar essa fase, deve-se fazer um pré-acabamento do modelo com limas finas e lixas, para facilitar a visualização da peça.

Na maioria dos casos, o modelo em cera não deve ficar maciço. Isso encareceria muito a peça, além de deixá-la pesada. Depois de o modelo estar pronto, com suas medidas e formas certas, pode-se começar a desbastar internamente ou na parte de trás da peça, com o objetivo de diminuir o peso.

Mas, antes de iniciar o desbaste, deve-se marcar a linha que servirá de referência para a bata. O desbaste é feito com fresas, e é preciso muito cuidado com a espessura final.

DESBASTANDO UMA ALIANÇA

DESBASTANDO UM ANEL QUADRADO

DESBASTANDO UMA ESCULTURA

ESPESSURAS

A peça modelada na cera será posteriormente reproduzida no metal pelo processo de fundição por cera perdida. Nesse processo, ao ser utilizada a vulcanização a quente, ocorre uma pequena redução no tamanho do modelo, variando de 2% a 10%.

Quando preparamos um modelo em cera, devemos levar em consideração essa redução. Então, as medidas devem estar proporcionalmente maiores para que depois a peça fundida atinja as medidas desejadas como resultado. Esse cuidado é fundamental em relação às espessuras.

É importante observar:
• Se a vulcanização for a frio, não existe redução; portanto, a peça fundida terá as mesmas dimensões do modelo em cera.
• Espessuras grossas tornam a peça muito pesada depois de fundida no metal, encarecendo o produto final.
• Espessuras muito finas podem causar falhas e rachaduras na peça fundida, além de impossibilitar um futuro trabalho de cravação.
• As espessuras devem estar homogêneas.
• Utilizar o especímetro para verificar a medida exata da espessura.

• Uma dica interessante e muito usada é colocar o modelo contra a luz e verificar a cor e transparência da cera.

• Em paralelo, fazer um gabarito de espessuras: em uma chapa de cera, modelar com o auxílio de uma lima pequenos quadrados com várias espessuras em ordem decrescente. Depois, pode-se comparar a transparência das espessuras.

CÁLCULO DO PESO DA CERA X PESO DO METAL • A cera é um material muito leve, causando muitas vezes a ilusão de que a peça ficou com pouco peso. Contudo, é preciso considerar o peso da cera em relação ao metal em que será fundido.

Índices para o cálculo do peso final do modelo em metal
PESO DA CERA x 10 = PEÇA EM LATÃO
PESO DA CERA x 12 = PESO DA PEÇA EM PRATA
PESO DA CERA x 18 = PESO DA PEÇA EM OURO AMARELO
PESO DA CERA x 18 = PESO DA PEÇA EM OURO BRANCO

Esses valores podem sofrer uma pequena alteração de acordo com a cera utilizada, pois cada cor tem uma densidade diferente. Mas essa variação é muito pequena, e o uso de ligas metálicas para cada metal também pode alterar esses valores.

DAR ACABAMENTO

O acabamento final pode ser polido ou com texturas já feitas na cera.

POLIDO • Para o acabamento final, são usadas lixas d'água finas, que tiram as marcas de limas, riscos e imperfeições. Elas devem ser utilizadas em ordem crescente de gramaturas, ou seja, sempre da mais grossa para a mais fina.

No caso da modelagem em cera, as lixas mais grossas (série 100/200/300) devem ser evitadas, pois a cera é muito macia. Recomenda-se iniciar com a lixa da série 400/600/800/1.000.

Uma manta abrasiva também pode ser utilizada no acabamento.

Um algodão com benzina deixa a cera bem polida.

O uso da lamparina ajuda a obter um acabamento bem liso e homogêneo. Porém, ele requer muito cuidado, uma vez que pode causar o derretimento do modelo.

TEXTURAS • É possível trabalhar diversos tipos de texturas na cera, que podem ser feitas a frio ou a quente.

Texturas a frio • Feitas com fresas, brocas, pontas, limas, lixas, discos, bisturis es-pátulas etc. Nesse tipo de trabalho, a retirada de material produz efeitos diversos.

Texturas a quente • A cera derretida é acrescentada à peça utilizando-se pirógrafos, canetas, ferro de solda e pistolas. Pode-se também marcar a cera com a ponta quente e formar efeitos interessantes.

Textura feita com pistola: a cera é colocada dentro da pistola, onde é aquecida, permitindo efetuar trabalhos de gotejamento.

Prototipagem rápida

Também conhecida como impressão 3D, é um processo que viabiliza a materialização dos desenhos virtuais criados pelos programas de desenho 3D (CAD).

Nesse processo, a partir de um conceito ou desenho 2D (croquis ou desenho técnico), elabora-se um desenho 3D em software específico. Com o desenho finalizado em 3D, inicia-se a fase de impressão em resina, para que a peça seja posteriormente fundida em metal.

O principal objetivo da prototipagem rápida é a modernização e otimização da criação e produção de uma peça.

MODELO 3D

Seu desenvolvimento é comum, independentemente do método de impressão 3D a ser seguido, O processo de desenvolvimento se inicia a partir de um conceito e um desenho bidimensional (croqui ou desenho técnico).

O desenho 2D precisa ser convertido em 3D. O próprio designer pode estar habilitado a desenhar em 3D ou contar com o serviço de um desenhista cadista. Nesse caso, quanto mais bem especificado e detalhado for o desenho 2D, mais produtiva será a atuação do desenhista. O programa CAD mais popularmente utilizado no ramo joalheiro é o Rhinoceros.

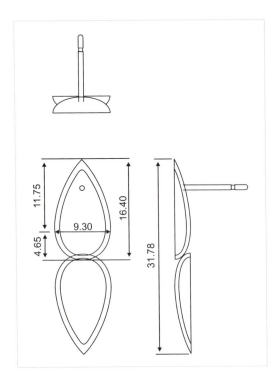

Uma vez pronto, o modelo 3D pode ser verificado por todos os ângulos e, se necessário, sofrer modificações até que esteja a contento. O modelo virtual deve ser composto tal como se fosse um sólido, ou seja, não devem existir vértices, faces ou arestas desencontradas, por menores que sejam.

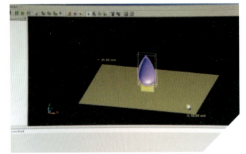

Nessa fase, é possível calcular o peso estimado e o custo que a peça terá.

O próximo passo é converter esse desenho para o formato de malha, isto é, suas faces serão transformadas em minúsculos triângulos, e, dessa forma, ele pode ser utilizado em qualquer método de impressão 3D.

MÉTODOS DE IMPRESSÃO 3D

A estereolitografia e a fresagem CNC constituem os mais importantes métodos de impressão na joalheria. A principal diferença entre eles está na maneira como as peças são formadas. Na fresagem CNC, a peça surge a partir da subtração de material de um bloco (subtrativa), enquanto, na estereolitografia, adiciona-se material para a formação da peça (aditiva).

ESTEREOLITOGRAFIA

Nesse processo, os modelos em resina tridimensionais são construídos em camadas por meio da adição de polímeros líquidos, sensíveis à luz ultravioleta, que se solidificam quando expostos ao laser. Ele permite maior precisão dos modelos, além de mais rapidez e versatilidade em relação à fresagem CNC. A duração desse processo varia de acordo com o tamanho do modelo e sua complexidade.

O modelo em resina, depois de apurado, é levado diretamente para a produção do molde de silicone. Para a prototipagem, existem resinas próprias. A seguir, citamos dois tipos básicos utilizados em máquinas Envisontec.

❖ EC500 (cor amarela): sua composição permite que a peça seja utilizada diretamente no processo de fundição por cera perdida. Essa opção é indicada para peças únicas por ser mais econômica.

❖ R11 (cor vermelha): sua composição é mais rígida e é indicada para a confecção de moldes de silicone RTV para a fabricação em série.

Procedimentos para a impressão por estereolitografia

❖ O formato de arquivo de malha mais utilizado nesse processo de conversão é o STL, que remete à abreviação de *stereolitography* (estereolitografia).

❖ Antes de comandar o processo de impressão, é necessária a adição de suportes ao modelo já convertido em malha, e esses suportes servirão de apoio e contribuirão para que a peça não se solte da plataforma durante o processo de formação.

❖ Em seguida, o operador deve calibrar a máquina.

❖ Existem, no mercado, vários tipos de máquinas que realizam esse trabalho. Cada uma delas é operada conforme suas especificações técnicas.

❖ O modelo é construído em camadas sobre uma plataforma, que fica situada abaixo de um reservatório com resina líquida.

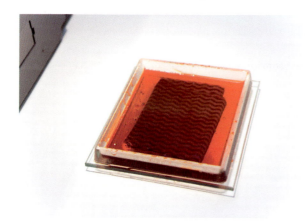

❖ As camadas são traçadas por meio da ação do laser.

 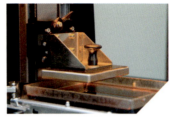 

A duração desse processo varia de acordo com o tamanho do modelo e sua complexidade.

❖ Depois da finalização do processo de impressão, é necessário lavar as peças com álcool e colocá-las em um aparelho com vibrador, para remover o excesso de resina.

Modelos de peças feitas no processo de prototipagem rápida

❖ O modelo passa, em seguida, por um processo de limpeza e apuração, quando os suportes são removidos. Esse processo deve ser feito por um ourives para que as formas do modelo sejam preservadas.

FRESADORAS

Nessas máquinas, os modelos resultam de um processo de remoção de material por meio de fresas próprias (de metal ou diamante), que desbastam um bloco sólido (cera, resina, entre outros). Trata-se, portanto, de um processo subtrativo.

Existem diversos modelos de fresadoras, que diferem em tamanho, potência e capacidade.

As fresadoras trabalham através de eixos de apoio (em geral, três, mas algumas máquinas possuem até cinco eixos), e o seu movimento é controlado por computador com softwares próprios.

Algumas fresadoras próprias para a joalheria são capazes de modelar também o interior de peças.

VANTAGENS DA PROTOTIPAGEM RÁPIDA

❖ Pré-visualização: permite ver a peça em desenho tridimensional, com as especificações de peso, espessuras, cravação e cálculo de custos. Alterações podem ser feitas no desenho antes da geração do modelo sólido. É possível visualizar a joia cravada e com diferentes acabamentos (renderização).

❖ Qualidade e precisão: permite obter modelos com maior qualidade e precisão de detalhes.

❖ Uniformidade: o trabalho artesanal pode trazer diferenças milimétricas que não ocorrem nas peças geradas a partir da prototipagem.

❖ Pré-cravação: consiste em distribuir as marcas das pedras nas chapas e garras, acelerando o processo de cravação.

Reprodução
da joia

Fundição por cera perdida

É um processo muito antigo que, com o passar do tempo, vem evoluindo e aperfeiçoando suas técnicas. Seu objetivo é a reprodução de uma peça única ou uma série de peças, com grande precisão e economia, a partir de um modelo que pode ser confeccionado em metal, cera ou resina, visto respectivamente nos processos de ourivesaria, modelagem em cera e prototipagem.

O processo é simples em essência, mas está longe de ser uma "ciência exata", pois é feito com muitos detalhes que requerem atenção, prática e experimentação. Por essas razões, os materiais, ferramentas, máquinas e pessoas envolvidas estão sempre em evolução, buscando a melhora constante desse processo.

O local para se montar uma fundição deve ser bem arejado, com equipamentos e materiais adequados para obter um processo de qualidade.

Atualmente, encontram-se algumas fundições com tecnologia mais avançada e moderna, proporcionando cada vez mais precisão ao trabalho final.

MODELO

O processo de fundição é feito a partir de um modelo. Ele é a matriz e pode ser confeccionada em metal, cera ou resina, e serve de referência para a fundição da peça-parte. Chama-se peça-parte, já que a peça desejada pode ser composta de várias peças-partes do mesmo modelo ou modelos diferentes.

MODELO EM METAL • O molde é feito diretamente do modelo em metal. Deve-se ter atenção especial no acabamento final do modelo e nas espessuras utilizadas (entre 0,60 mm/0,70 mm de espessura preferencialmente).

MODELO EM CERA • Quando o modelo é confeccionado manualmente na cera, precisamos primeiro fundi-lo em metal. Há dois caminhos:

Modelo para peça única • Não é necessário tirar o molde para a reprodução. A peça já em metal vai diretamente para apuração, que consiste em limá-la e lixá-la para acabamento.

Modelo para reprodução em série • O modelo em metal deve ser bem apurado para se tirar o molde, tendo cuidado para que não haja redução excessiva em sua espessura, pois esse modelo dará origem a outras peças em série, que também deverão ser apuradas.

O molde em borracha especial ou silicone é tirado a partir do modelo em metal. É importante guardar esse modelo, pois, se houver problemas futuros com o molde e for necessário tirar outro, ele servirá novamente de modelo.

MODELO EM RESINA • Quando o modelo é confeccionado em resina, não é necessário fundir em metal para fazer o molde. Antes de se tirar o molde, o modelo em resina deve ser apurado.

DUTOS DE ALIMENTAÇÃO

Um canal de alimentação no modelo (cera, metal ou resina) deve ser colocado antes de se tirar o molde para a reprodução da peça. Esse canal, também chamado duto, servirá a diversas funções no processo de fundição. Recebe também outros nomes populares, como jito, cabo etc.

O duto é um elemento importantíssimo para que o processo de fundição tenha sucesso. Além de servir para a injeção de cera no molde e saída da cera durante o processo de deceração/calcinação, serve, ainda, de caminho para a entrada do metal fundido (em estado líquido) para a formação da peça e como elemento termodinâmico durante o resfriamento. Deve ser colocado nas partes mais espessas dos modelos com seção transversal proporcional à espessura da região em que será instalado.

Partindo de uma peça confeccionada no metal, os dutos podem ser de cobre e soldados à peça. Quando os modelos são em cera ou resina, dutos de cera são fixados utilizando canetas próprias ou pirógrafos, que derretem um pouco da cera unindo as partes.

Cada tipo de modelo exige um local específico para os dutos, e muitas vezes é preciso mais de um canal (canais auxiliares), que auxiliam na distribuição da cera quando injetada e, posteriormente, na distribuição do metal de maneira satisfatória, o que evita defeitos na peça.

Os dutos não devem ser colocados em locais com detalhes, pois sua retirada poderá deformar a peça.

Posteriormente, eles são fixados no tronco da árvore de fundição.

MOLDE

A próxima etapa é a confecção do molde, necessário para se reproduzir o modelo por meio da injeção de cera. Esse processo é chamado moldagem, que pode ser feita por vulcanização de borrachas especiais ou silicones. No caso dos silicones, é possível efetuar a vulcanização a quente ou a frio.

VULCANIZAÇÃO A FRIO • O primeiro passo é colocar o modelo em resina ou metal no suporte do molde.

Os moldes em que o silicone será derramado podem ser de plástico ou acrílico transparente.

Na vulcanização a frio, utiliza-se um tipo de silicone chamado RTV (*room temperature vulcanization*), ou seja, vulcanização a temperatura ambiente. Esse material é composto de dois ingredientes: um silicone e um catalisador, que, quando misturados na proporção adequada, iniciam uma reação química que resulta em seu endurecimento.

Nesse processo de mistura, é usada uma bomba de vácuo para evitar a formação de bolhas.

O silicone ainda líquido é derramado dentro do molde, em que o modelo fica totalmente envolvido.

 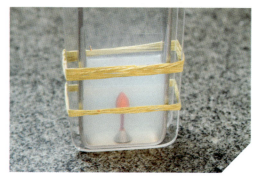

A seguir, o molde também é colocado na bomba de vácuo para a retirada de bolhas de ar.

Após 12 horas, o silicone estará totalmente endurecido, e o molde poderá ser aberto. Esse corte deve ser feito com cuidado.

O negativo da peça fica marcado no interior do molde.

A maior vantagem desse método é não causar redução nas dimensões das peças injetadas.

Com o silicone RTV, é possível moldar alguns materiais alternativos, tais como cascas de árvores, folhas etc., obtendo resultados bem interessantes.

Com o molde pronto, pode-se reproduzir quantas peças forem necessárias.

VULCANIZAÇÃO A QUENTE • Nesse processo, o modelo em metal ou em resina é encaixado dentro de uma moldura de alumínio. Preenchem-se os espaços entre o modelo e a moldura com um material vulcanizável.

Em seguida, a moldura é colocada sob pressão entre duas chapas quentes em um equipamento denominado vulcanizadora.

O conjunto é aquecido até que o material fique totalmente homogêneo envolvendo o modelo.

Aguardar o resfriamento do molde para depois cortá-lo.

No processo de vulcanização a quente, as dimensões do modelo podem sofrer alterações de medidas, às vezes reduzindo entre 2% a 10%. Essa variação se dá de acordo com o equipamento utilizado e o tipo de silicone ou borracha especial, além da própria experiência profissional.

Essas variações ocorrem por causa do próprio processo: quando o molde é aquecido, ele se expande; já ao se resfriar, há uma contração.

INJEÇÃO DE CERA

No molde, é injetada uma cera específica para obter o modelo da peça em cera.

O modelo resultante deve ser a cópia fiel do modelo moldado. Deve-se considerar que qualquer irregularidade resulta em defeitos de fundição, aumento e/ou diminuição de peso esperado. A inspeção das peças injetadas é muito importante.

Na injetora de cera a vácuo, há diversos parâmetros ajustáveis que permitem a automatização do processo a partir de um simples toque de botão: temperatura da cera, temperatura do bico injetor, pressão de aperto vertical do molde, pressão de compressão do molde no bico injetor, pressão do vácuo, tempo de sucção do vácuo, tempo de injeção da cera, tempo de espera antes de soltar o molde.

PROCESSO DE INJEÇÃO
❖ O molde deve ser limpo antes do processo de injeção de cera.

❖ Primeiro, o molde é comprimido verticalmente e pressionado horizontalmente contra o bico injetor. O bico injetor tem a dupla função de sugar o ar do interior do molde, causando vácuo, e injetar a cera.
❖ O molde sofre o esvaziamento de ar em seu interior por meio do vácuo. A retirada do ar de dentro do molde é fundamental para facilitar a entrada da cera.
❖ Em seguida, a cera é injetada para dentro do molde (a cera deve permanecer aquecida e derretida dentro da injetora; a pressão e a temperatura da cera a ser injetada são pontos relevantes nessa fase).

❖ O molde volta a sua posição inicial e, após alguns segundos, é liberado.

❖ Depois de resfriado, é aberto para a retirada da cera.

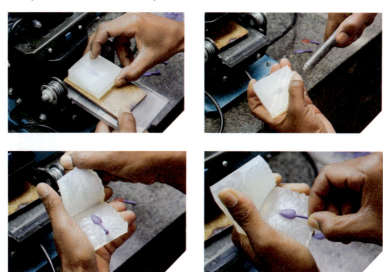

Essa parte do processo é muito importante, pois a qualidade final da peça fundida depende de uma boa injeção de cera. Depois de a cera ser injetada, o profissional deve verificar se não existem defeitos. A reprodução da peça será fiel a esse modelo.

❖ Após a injeção das peças em cera, o profissional da fundição começa a montar a árvore de cera.

ÁRVORE DE CERA

Trata-se do resultado da montagem de um conjunto de peças injetadas em cera, ligadas a um tronco também de cera e feita pelo profissional da fundição – a chamada árvore de fundição.

A montagem das árvores é feita de acordo com o tipo de liga que será fundida e as características de volume de cada peça. Peças finas devem ser reunidas em uma árvore com peças semelhantes; o mesmo ocorre com peças pesadas e medianas. O ideal é que as peças mais finas fiquem sempre na parte de baixo da árvore.

Existem regras específicas para a montagem dessa estrutura, como o ângulo de 45° da cera em relação ao tronco, o que facilita o escoamento da cera e a injeção do metal.

Os modelos em cera devem estar separados entre si e não podem se tocar, já que é possível que as peças se grudem umas às outras.

PROCESSO DE MONTAGEM DA ÁRVORE

❖ Cada cera injetada é verificada e trabalhada caso seja necessário retirar alguma saliência.

❖ Em seguida, as peças são montadas em um tronco de cera.

❖ As árvores são montadas e depois colocadas em cima de um suporte próprio chamado base.

❖ Cada base tem seu peso previamente verificado e anotado, o que facilita o cálculo do metal necessário para a fundição de cada árvore.

❖ Depois, a base é pesada com a árvore a fim de obter o peso do metal necessário para a fundição. Esse valor é a diferença entre o peso total menos o peso da base.
❖ Existe um acréscimo predeterminado do metal que fica dentro do cone da base. Esse valor é estimado de acordo com a base utilizada.

CILINDRO

Depois da árvore pronta e fixada em uma base, ela é envolvida por um cilindro de metal perfurado ao longo de sua superfície.
❖ Em seguida, o cilindro é recoberto com fita adesiva, jornal ou outro material para evitar que o revestimento vaze entre os furos.

REVESTIMENTO

Com o cilindro pronto, deve-se preparar um revestimento próprio para receber o material. Depois de concluído, esse revestimento forma o molde com as cavidades das formas desejadas e, posteriormente, recebe o metal líquido.

Todo esse processo requer atenção no preparo, calma e cuidado nas etapas, evitando assim bolhas e rachaduras no revestimento, o que comprometeria o resultado da fundição.

PROCESSO DE PREPARO DO REVESTIMENTO

❖ O revestimento é pesado e preparado conforme as indicações do fabricante para proporção de água de acordo com o peso. A fim de evitar a contaminação, o ideal é que seja água deionizada.

❖ Sua mistura é feita a vácuo para evitar a formação de bolhas.

❖ Em seguida, a mistura é despejada dentro do cilindro.

❖ Preenchido o cilindro, ele deve "descansar" por duas horas.

❖ Depois, retirar a base e raspar os excessos de revestimento por fora do cilindro.

DECERAÇÃO E CICLO DE CALCINAÇÃO

O objetivo desse processo é fazer com que a cera da árvore seja removida do interior do cilindro, deixando as cavidades com a forma das peças. Posteriormente, elas recebem o metal fundido. Por isso, o processo é chamado fundição por cera perdida.

A deceração pode ser feita a seco ou a vapor. Em ambos os métodos, a completa remoção da cera no cilindro terá influência direta na qualidade da fundição.

DECERAÇÃO A VAPOR

❖ Os cilindros são colocados de cabeça para baixo sobre uma grade, que fica em cima de um reservatório com água fervente.

❖ Com o vapor da água, a cera derrete e é removida pela força da gravidade.

A completa remoção da cera e de resíduos de dentro do cilindro influencia diretamente na qualidade da fundição. O cilindro de metal deve permanecer quente para poder receber o metal fundido.

DECERAÇÃO A SECO

❖ Pode ser feita em uma estufa adequada ou em um forno apropriado, que, além de decerar, serve para calcinar o revestimento.

❖ Os cilindros são colocados de cabeça para baixo. A cera, quando derretida, desce pela força da gravidade pelo tronco da árvore e é coletada por uma bandeja.

❖ Os resíduos que ficam presos nas cavidades da árvore também são aos poucos removidos.

❖ Esse processo dura aproximadamente três horas e é programado de acordo com as recomendações do fabricante do revestimento. Ele deve ocorrer de forma gradativa para evitar rachaduras e outros defeitos.

❖ Começa com temperatura mais baixa, 150°C, e atinge 730°C. O cilindro permanece por duas horas nesse patamar, que é quando ocorre a calcinação do revestimento, ou seja, o revestimento adquire propriedades físicas que lhe permitem ter a resistência necessária para receber o metal fundido.

❖ A temperatura do forno é, então, abaixada para 660°C, e deve-se aguardar uma hora para que os cilindros adquiram uma temperatura equiparada à do forno.

❖ Depois desse processo, os cilindros são retirados do forno e levados diretamente para a máquina de fundição.

É importante observar que as temperaturas adequadas e o tempo de espera são fundamentais para a boa preservação do revestimento. Nessa parte do processo, possíveis rachaduras no revestimento comprometeriam o resultado final da fundição.

FUNDIÇÃO

❖ É quando ocorre a injeção do metal no cilindro preenchendo as cavidades dei-
xadas pela árvore durante o processo de deceração.

❖ O metal é pesado de acordo com a liga a ser usada.

❖ Em seguida, ele é colocado dentro da máquina de fundição.

❖ O cilindro é retirado do forno e levado diretamente para a máquina de fundição, onde é colocado em um reservatório próprio. O cilindro deve permanecer
quente o suficiente para receber o metal fundido. Esse aquecimento é fundamental para que não haja um choque térmico, e consequente rachadura do
revestimento.

❖ A máquina é acionada, e o metal, finalmente, é injetado para dentro do cilindro, onde há pressão e vácuo.

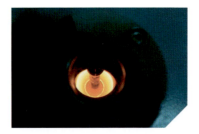

❖ Terminado o processo, o cilindro é retirado da máquina, onde deve ficar descansando por aproximadamente 10 minutos.

❖ Por fim, o cilindro com o revestimento é mergulhado num tanque de água, ocorrendo sua desintegração. Desse modo, a árvore, agora em metal, fica liberada.

LIMPEZA DA ÁRVORE DE METAL

❖ Processo de limpeza para a retirada total de resíduos do revestimento.

❖ A árvore é então colocada em uma solução de branqueamento para clarear e, em seguida, neutralizada em água com bicarbonato.

❖ A seguir, a árvore vai para o ultrassom para limpeza e é novamente lavada.

❖ Com a árvore limpa, as peças são cortadas e separadas.

❖ A seguir, elas vão para o pré-polimento dentro de um tamboreador.
❖ As peças agora estão prontas para serem apuradas (limadas, lixadas, polidas) e montadas de acordo com o processo de fabricação.

É importante lembrar que existem fundições com equipamentos mais antigos; porém, o processo sempre passa pelas mesmas fases já descritas. O que difere são equipamentos e maquinários, bem como materiais utilizados.

O avanço da tecnologia vem aprimorar esse processo, dando cada vez mais condição para que a reprodução de peças apresente qualidade superior.

RESTRIÇÕES

Ao desenhar uma joia e utilizar o processo de fundição por cera perdida, é preciso atenção para certas restrições próprias desse processo.

❖ Existem alguns limites de espessuras para os modelos a serem fundidos e reproduzidos. Peças muito finas podem ter problemas de rachaduras e falhas na fundição. O ideal é que a espessura não seja inferior a 0,60 mm.

❖ Peças ocas devem ser fundidas em partes separadas. Se fundidas inteiras, elas tornariam o modelo maciço, logo, muito pesado e caro. Depois de fundidas, já no metal, as partes dos modelos são soldadas na bancada.

❖ Em alguns casos, o ideal é que elos, pinos e articulações sejam feitos posteriormente na banca do ourives.

Processos
complementares

Depois da peça pronta, muitas vezes é necessário dar um acabamento especial, fixando as gemas ou utilizando técnicas de esmaltação, resina, entre outras.

Esses trabalhos, denominados processos complementares, podem ser feitos pelo próprio joalheiro ou terceirizados por profissionais especializados na área.

É importante ressaltar que a peça precisa estar pronta para a realização desses processos.

Cravação

Trata-se de uma técnica muito antiga de fixar as gemas na joia, que vem evoluindo com o surgimento de novas tendências na arte da lapidação.

Existem várias técnicas de cravação, e a gema, sua lapidação e o próprio desenho da joia determinam qual delas é a melhor para ser adotada.

O designer e o cravador devem conhecer as propriedades das gemas (principalmente sua fragilidade) para a escolha adequada do tipo de cravação, evitando problemas de rachaduras da pedra.

A luminosidade da gema é importante para um bom resultado da joia. Portanto, dependendo da gema usada, é preciso escolher uma cravação que permita a entrada de luz.

Realizar um bom trabalho requer que o profissional tenha uma banca bem iluminada e ferramentas próprias, além de muita precisão e prática nessa técnica.

Ferramentas utilizadas para a cravação de gemas

O trabalho do cravador exige ferramentas específicas. Algumas precisam ser preparadas e afiadas para cada tipo de trabalho.

USO DO BURIL • Ferramenta importantíssima para o processo de cravação. Com formatos e tamanhos diferentes, o buril deve ser afiado de acordo com o trabalho a ser feito. Serve para cortar, engastar, desbastar, levantar granitos, além de ser muito usado nas gravações de metal.

Como afiar o buril • O buril é desbastado conforme as características do trabalho a ser realizado. Para isso, utiliza-se um esmeril, que pode ser adaptado a uma politriz.

Primeiro, deve-se fazer um ângulo de aproximadamente 45° na ponta da lâmina. Em seguida, desbasta-se dois terços da ferramenta até a metade da largura.

Depois, passa-se o buril na pedra de Arkansas (pedra abrasiva branca) ou no esmeril e, por fim, em uma lixa fina.

Como colocar o cabo no buril • Quando se compra o buril, as lâminas são vendidas separadas do cabo. O profissional adapta seu buril ao cabo desejado. O tamanho do buril deve estar de acordo com o tamanho da mão do profissional que vai manuseá-lo, dando maior firmeza ao trabalho. Assim, basta cortá-lo.

Para fixar as lâminas no cabo, é necessário prender a lâmina em um torno e martelá-lo. É importante primeiro afiar o buril, para depois colocar o cabo.

Com o buril afiado, pode-se iniciar o trabalho de cravação/gravação no metal.

É importante afiar o buril, sempre que necessário, para obter um trabalho perfeito.

PREPARO DO PAU DE GOMA • A peça a ser cravada precisa estar muito bem fixada e protegida. Para isso, o profissional utiliza morcetos especiais ou prepara o próprio suporte com goma laca, o que facilita seu trabalho, dando maior firmeza e evitando danos no metal em virtude de tensões de algumas ferramentas.

Como preparar o pau de goma • Derreter a goma laca na extremidade de um pau de madeira (cabo de vassoura ou qualquer cilindro de madeira) ou em uma superfície de madeira. Com a ajuda de uma lamparina, colocar a goma, tomando cuidado para não queimá-la.

 Ao se preparar um pau de goma específico para anéis, deve--se cortar em forma de "L" a extremidade de um cabo de madeira e revestir de goma. Esse corte permite que o anel fique todo envolvido, estruturado e apoiado em sua altura e em sua lateral.

Cada profissional desenvolve seu próprio suporte de acordo com a necessidade de cada trabalho. O importante é que a peça fique sempre bem protegida.

Para fixar a joia na goma, ambas devem ser aquecidas.

Ao retirar a peça, a goma também deve ser aquecida.

Depois de retirada a peça, ela deve ser mergulhada na soda cáustica ou no álcool para a limpeza da goma.

USO DO PERLOIR • Ferramenta que serve para dar acabamento em garras e granitos.

Depois de o granito ser levantado e a pedra já estar fixada, roda-se o perloir na ponta do granito formando um efeito arredondado.

USO DE CALCADORES (OU BRUNIDORES) • Servem para acalcar a pedra dentro do orifício, dando pressão. Existem modelos variados de calcadores.

USO DE BORRACHAS PARA ACABAMENTO • Depois de a pedra ser cravada, é preciso dar um acabamento no local da cravação, que pode ser feito com limas finas, lixas e borrachas próprias. Deve-se ter cuidado para que a borracha não encoste na gema e a danifique.

USO DO MARTELETE • Ferramenta que auxilia na cravação inglesa e é utilizada também para fazer texturas. O martelete é adaptado ao motor de chicote e tem uma ponta que deve ser trabalhada para obter um resultado satisfatório.

Depois de a pedra ser colocada no lugar, o martelete é usado para deslocar o metal sobre a pedra. Seu uso exige cuidados para não danificar as gemas.

TIPOS DE CRAVAÇÃO • Existem diversos tipos de cravação. A seguir, apresentamos exemplos das cravações mais utilizadas.

INGLESA

A pedra é presa em seu entorno pelo metal existente, que, ao envolvê-la, a protege. Essa cravação pode ser feita por meio da fabricação de uma virola (fita que circula a pedra) ou mesmo em uma chapa. Ela é muito usada em pedras cabochão (retas em baixo), placas e pedras lapidadas.

Existem várias técnicas na confecção dessas virolas para serem utilizadas nesse tipo de cravação (veja a terceira parte deste livro que começa na página 200). Elas podem ser confeccionadas diretamente no metal ou esculpidas em cera. O tipo de lapidação e o tamanho da pedra determinam os formatos e as espessuras de chapas mais apropriados para sua fabricação.

Chapas muito finas dificultam o trabalho e a eficácia da cravação. Por isso, a densidade do metal é importante para a escolha das espessuras. Por exemplo: o ouro é um metal mais denso que a prata, sendo possível trabalhar com espessuras mais finas.

Toda cravação que possui metal ao redor da pedra é considerada inglesa.

Inglesa na virola • cravação que precisa de uma virola de metal envolvendo a pedra.

Meia-inglesa • variação da inglesa; a virola ou o chatão não são inteiros e deixam a pedra mais evidente. O desenho da virola é feito de acordo com o formato e a lapidação da gema e também com o design da joia.

Brunido • cravação na chapa; a pedra entra sob pressão e é brunida com metal a seu redor.

CRAVAÇÃO COM GARRAS

A pedra é fixada por meio de garras (ou grifas). A quantidade de garras depende do tamanho e do formato da pedra.

Existem várias técnicas para a fabricação de joias com cravação de garras, que também podem ser modeladas no metal ou na cera. O profissional deve ter atenção com as espessuras utilizadas nas estruturas e grifas. Se o modelo for modelado em cera, é preciso cuidado com a redução que ocorre na vulcanização do molde em borracha.

A densidade do metal deve ser levada em conta.

CRAVAÇÃO PAVÊ

As pedras são cravadas uma ao lado da outra, cobrindo a superfície parcial ou totalmente, e acomodadas em furos feitos na chapa de maneira precisa e presas por granitos – pequenos "grãos" levantados do próprio metal com a ajuda de um buril.

Essa técnica exige muita precisão e prática no trabalho com o buril. Apenas uma pedra pode ser fixada com granito, dando um detalhe à joia.

A chapa onde será feito o pavê deve ter espessura de acordo com o tamanho da pedra. Chapas muito finas não são recomendadas.

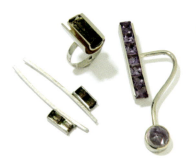

CRAVAÇÃO DE TRILHO OU CARRÉ

As pedras são colocadas em um trilho com paredes paralelas e fixadas em sulcos feitos na parte interna desse trilho. A pedra entra no sulco, e o metal é colocado sobre ela, fixando e protegendo. Os trilhos ou calhas podem ser confeccionados no metal ou modelados na cera.

CRAVAÇÃO POR PRESSÃO OU TENSÃO

A gema é fixada por meio da tensão que o metal exerce sobre ela. O metal utilizado não deve ser muito macio, pois, se assim o for, não conseguirá exercer essa pressão, a não ser que seja muito espesso. Um exemplo desse tipo de metal macio é a prata. O ouro, a platina e o titânio são os mais indicados para essa técnica. A espessura do metal também é muito importante para um bom resultado.

Na cravação por pressão, dois sulcos são feitos na lateral interna para que a pedra possa ser encaixada. É uma cravação indicada para pedras lapidadas.

Gravação

Na joalheria, esse trabalho é feito para criar texturas e efeitos na joia. A gravação de metais para fins decorativos pode ser realizada manualmente com o uso de um buril, que, assim como na cravação, deve ser preparado e afiado para essa técnica especificamente.

O gravador deve ter firmeza e habilidade para executar esse tipo de trabalho, e as peças trabalhadas precisam estar bem presas. Para isso, usa-se também o pau de goma.

❖ Encontramos, ainda, máquinas próprias para esse tipo de trabalho, como pantógrafos e máquinas de gravação a laser.

> **GRAVAÇÃO A LASER**
> A tecnologia do laser pode ser usada para gravações em metal com maior precisão e acabamento final, agregando grande valor à joia.

Acabamentos

POLIDO, FOSCO, DIAMANTADO, JATO DE AREIA E OXIDADO

A joia pode receber acabamento polido (brilhante) e fosco (acetinado, diamantado, jateado), entre outros. Todos esses procedimentos devem ser feitos depois de a peça estar pronta, polida e limpa, para um bom resultado.

Polido • a peça fica brilhante depois de passar por acabamento com as lixas, polimento e brilho.

Fosco • para a peça ficar fosqueada (sem o brilho), pode-se passar uma escova própria (Scotch Brite) ou uma lixa fina, dando acabamento fosco acetinado. É importante que a peça tenha sido lixada e polida antes para que se alcance um acabamento acetinado homogêneo, sem manchas ou imperfeições.

Diamantado • para uma textura mais marcada, passar uma fresa diamantada na superfície que se quer marcar.

Jato de areia • tipo de acabamento que também dá um aspecto fosqueado à joia. Ele é feito em uma máquina que contém microesferas de tamanhos diferentes, que servem para fosquear.

A peça pode ser toda jateada ou receber esse tratamento apenas em um detalhe. Se for essa última a intenção, deve-se isolar o restante da peça com fita crepe ou esmalte.

Oxidação • realizado apenas em peças de prata. É um processo feito com um oxidante de prata à base de enxofre, que com ela reage escurecendo a superfície. É muito usada para realçar baixos-relevos e dar a aparência de envelhecido.

Pode ser feita sobre a peça polida, fosca ou texturada. É possível também fosquear a peça depois de já ter sido escurecida, criando um acabamento interessante.

BANHOS DE PRATA, OURO E RÓDIO

Formas de acabamento que consistem na imersão da joia em uma solução eletro-lítica com a presença do metal desejado. Existem banhos de prata, ouro amarelo, ouro rosa, ródio branco, ródio negro, ródio chocolate, entre outros.

A aplicação do banho pode ser feita em toda a peça ou em detalhes, de acor-do com o acabamento desejado. Uma mesma peça pode passar por mais de um tipo de banho.

CARACTERÍSTICAS

❖ O preparo da solução de ródio é feito com 100 ml do metal processado + 900 ml de água. Em alguns casos, a solução é vendida já preparada.

❖ No caso do ouro, a solução é feita com um quarto de sal de ouro, mais 1.000 ml de água ionizada.

❖ O banho pode ser flex, em folheação ou em camadas.

O tempo em que a peça fica mergulhada na solução de banho e a espessura do metal depositada na superfície determinam o tipo de banho, que é chamado tempo de tratamento. É importante lembrar que "muito tempo" nem sempre traz um resultado satisfatório.

❖ A solução de banho é colocada em um recipiente próprio (tanque) com um âno-do (transportadores da corrente), onde fica presa uma chapa de aço ou de ouro fino e um cátodo, em que se prende a peça que vai receber o banho.

❖ Esse tanque tem uma regulagem de voltagens. A escolha da voltagem deve estar em conformidade com a superfície da peça e com o tipo de metal que receberá o banho.

❖ Os banhos podem ser dados em cima da prata, do ouro amarelo, do ouro branco, do latão, entre outros. Alguns metais precisam de um preparo especial para se fazer o banho, como revestir com uma camada de cobre.

❖ O ferro é um metal que não pode receber esse tipo de banho.

❖ Alguns materiais e gemas podem sofrer reações em contato com a solução do banho. Nesses casos, a joia deve receber o banho antes da fixação da gema ou de outro material.

BANHO NA PEÇA TODA • Dar um bom polimento na peça.

❖ Puxar o brilho da peça com uma pasta de grão mais fino.

❖ Se a peça tiver acabamento fosco (acetinado, jato de areia, diamantado), ela deve ser fosqueada antes do banho.

❖ Lavar a peça com água quente, sabão de coco e amônia.

❖ Amarrar um fio de cobre na peça (nunca colocar fio de ferro, pois ele interfere no banho).

❖ Desengraxar a peça com um desengraxante eletrolítico.

❖ Mergulhar em uma solução ácida (ácido sulfúrico) para neutralizar a peça antes de ela entrar na solução do banho, e lavar com água corrente.

❖ Regular a voltagem desejada.
❖ Prender a peça no cátodo e mergulhar na solução pelo tempo necessário (de acordo com o tipo de banho).

Ouro amarelo

Ouro rose

Ródio branco

Ródio negro

❖ Se o banho for de prata ou ródio, retirar a peça e lavá-la com água filtrada.

❖ Se o banho for de ouro, mergulhar rápido na solução (flex), lavar e depois mergulhá-la de novo na solução (aproximadamente 20 segundos).

❖ Em seguida, lavar a peça com água filtrada e secá-la.

BANHO EM APENAS UM DETALHE DA PEÇA

❖ Utilizar um aparelho com microagulhas, que servem para limpeza e polimento em pequenos detalhes.

❖ A seguir, lavar a peça com água corrente e secar bem.

❖ Dar um bom polimento na peça utilizando a politriz e pastas próprias.

❖ Lavar novamente.

❖ Se a peça for fosca ou tiver detalhes fosqueados (acetinado, jato de areia ou diamantado), o mesmo procedimento deve ser feito antes do banho.

❖ Para retirar qualquer resíduo, passar a peça no aparelho Steam, que funciona com um jato.

❖ Depois, desengraxar a peça com um produto eletrolítico.

❖ Mergulhar em uma solução ácida para neutralizar a peça antes de ela entrar na solução do banho.

❖ Lavar com água corrente.

❖ Amarrar um fio de cobre na peça (nunca colocar fio de ferro, pois ele interfere no banho).

❖ Isolar com esmalte de unha as partes que não vão receber o banho.

❖ Prender a peça no cátodo e mergulhar na solução pelo tempo necessário (de acordo com o tipo de banho).

❖ Depois de lavar a peça, retirar o esmalte com acetona ou soda cáustica e colocá-la num aparelho ultrassônico para dar uma limpeza.

❖ Lavar e secar bem a peça.

Exemplos de joias que utilizaram o banho

In lay

É uma técnica muito antiga que consiste em trabalhar com pequenos pedaços de pedras objetivando formar um mosaico. In lay significa "embutir".

As pedras são fragmentadas em pequenos pedaços (de vários tamanhos ou até mesmo pó) e colocadas em cavidades (baixos-relevos) criadas no metal por diversas técnicas.

Depois de coladas e lixadas, as pedras devem ser polidas para reavivar o brilho.

O in lay de pedras deve ser feito depois da peça pronta.

Para essa técnica, a preferência são as pedras macias e opacas.

Exemplos de joias que utilizaram o in lay

Anéis em prata 950 com in lay de pedras variadas

Esmaltação

Trata-se de aplicar ou preencher superfícies e vazados de metal com um tipo de vidro, o esmalte, por meio de sua fundição. Basicamente, é a combinação de um vidro incolor e óxidos metálicos (ferro, cobre e manganês), dando cor a ele.

Podem ser opacos, transparentes e opalescentes; encontrados na forma de pequenos pedaços ou já triturados como pó bem fino.

Quando aquecidos, fundem-se, tornam-se líquidos e aderem assim à superfície do metal.

A fundição pode ser feita utilizando fornos próprios ou usando o maçarico (esmaltação a fogo).

Queima no forno • Essa técnica depende da combinação de dois parâmetros: o tempo e a temperatura.

Ambos são igualmente importantes, mas, se um deles falhar, pode causar grandes problemas e até destruir o trabalho.

Normalmente, trabalha-se a uma temperatura regular de aproximadamente 850°C.

O tempo varia em torno de 1 a 5 minutos, dependendo muito do tamanho da peça, da técnica usada, dos materiais, tipo de metal, espessura, características do esmalte utilizado, entre outras.

A esmaltação no forno possibilita a queima de objetos tridimensionais, tais como objetos decorativos e peças maiores, como quadros.

Como o forno permanece ligado durante todo o processo, consome bastante energia.

Queima no maçarico • Para profissionais da joalheria, é a técnica mais adequada, pois todas as ferramentas utilizadas podem ser encontradas na sua própria oficina, além de ser bem mais econômica.

Queimando o esmalte com o maçarico, existe muito mais controle, já que o fogo pode ser imediatamente retirado quando o esmalte derrete, preservando assim o metal e as soldas.

Porém, existem limitações para esse tipo de queima, bem como pré-requisitos na confecção das peças.

Técnicas de esmaltação • Na joalheria, a esmaltação é usada principalmente sobre o ouro, a prata e o cobre, o que possibilita dar uma gama enorme de cores à joia.

Existem diversas técnicas de esmaltação. As mais conhecidas são:

Rosto de Mulher, pendente em prata 950, esmaltação feita em forno

CLOISONNÉ: em francês significa "cela", ou seja, espaço delimitado. Utilizam-se fios finíssimos de metal para formar desenhos, e esses fios são colocados na peça delimitando os espaços em que os esmaltes são depositados.

CHAMPLEVÉ: em francês significa "campo elevado". O esmalte é aplicado em pequenos rebaixos ou depressões feitos na superfície do metal. É possível obter esses rebaixos por meio de técnicas como corrosão de metal, cinzelamento, recorte e aplicação de chapas etc.

Bracelete em prata 950, esmaltação feita no maçarico

Arara, pendente em prata 950, esmaltação feita no maçarico

PLIQUE-À-JOUR: em francês significa "aplicado em espaços vazados". O esmalte é aplicado em espaços vazados feitos no metal. Esses espaços podem ser recortados na chapa ou obtidos por meio de fios. Assemelham-se a pequenos vitrais.

Por não possuir um fundo ou base, as peças se tornam mais frágeis.

Colar em prata 950 com peridotos,
feito no maçarico

Borboleta, pendente em prata 950 com pedras,
esmaltação feita no maçarico

LIMOGES: a superfície da peça é preparada com uma camada de esmalte, com uma cor de base. Depois, são feitas sobre essa camada pinturas decorativas. Nessa técnica, a superfície é homogênea. Fios ou rebaixos não são utilizados.

GRISAILLE: em francês significa "grisalho" ou "acinzentado". Os esmaltes utilizados são em tons monocromáticos – em geral, tons de cinza.

BASSE TAILE: em francês significa "baixo entalhe". São feitas texturas gravadas na superfície do metal, antes da aplicação do esmalte. Para tornar esses desenhos ou texturas visíveis, são aplicados esmaltes transparentes.

A esmaltação é uma arte muito antiga. Diversos povos, como os gregos, celtas, romanos, bizantinos, etruscos, chineses, japoneses, indianos, árabes, e outros, utilizavam essa técnica para a decoração de louças, utensílios, objetos sacros e adornos.

Na joalheria, Peter Carl Fabergé e René Lalique são referências na arte da esmaltação.

FILIGRANA
Esse termo vem das palavras em latim *Filum* = fio e *Granum* = grão.
Técnica da ourivesaria que confecciona peças a partir de fios muito finos e pequenas bolinhas também de metal.
Normalmente, é feita em ouro e prata, mas é possível também ser fabricada em outros metais.
Os fios utilizados podem ser lisos, torcidos, achatados ou trançados.
As peças em filigrana lembram rendas e podem ou não ser soldadas em uma base de metal.

técnicas
fundamentais

Abordaremos, aqui, técnicas fundamentais em ourivesaria, modelagem em cera e cravação de gemas, que permitem a construção de diversos tipos de joias. É importante salientar que uma mesma joia pode ser trabalhada de diferentes formas, e o profissional precisa ser um bom conhecedor dos processos básicos já vistos neste livro. Esses fatores possibilitam a escolha do melhor caminho para a confecção de seu projeto de joia.

Ourivesaria

Serão apresentadas técnicas para confecção de aliança simples, trabalho com serras e limas (vazado e aplicação), confecção de meia bola, bola, pastilha, elos, virolas para cravação inglesa, garras, peças com bata, dobradiça, charneira e peças ocas.

Nessas técnicas, utilizamos os metais previamente ligados e em forma de chapas, fios, fitas e respectivas soldas. Podemos trabalhar também em metais que passaram por processos especiais (texturas, casamentos de metais, entre outros).

Aliança simples

Uma aliança pode ser confeccionada a partir de fios redondos, quadrados, meia-cana, retangulares e outros, ou cortada na chapa.

❖ Para confeccionar uma aliança, é preciso saber primeiro qual é a medida do aro do dedo. Para isso, utiliza-se uma aneleira ou um pau de medida.

❖ Na falta dessas ferramentas, é possível medir o diâmetro interno de uma aliança já pronta.

❖ Com a medida de aro já estabelecida, calcula-se o comprimento do fio ou fita.

Cálculo do comprimento do fio ou fita

Existem algumas maneiras de obter uma medida de referência para se cortar uma aliança no comprimento que corresponda ao número desejado.

Deve-se levar em conta que essas medidas servem apenas de referência para se cortar uma aliança. A espessura do metal pode alterar esses cálculos, pois, se o metal for mais espesso (mais de 1,5 mm), o diâmetro interno começará a sofrer redução.

Quando se trabalha com uma aliança largura maior, deve-se acrescentar um ponto para a aliança ficar mais confortável no dedo.

Alguns profissionais preferem somar à fórmula uma margem de segurança.

O importante é, depois da aliança fechada, conferir seu diâmetro interno para saber se ficou do tamanho desejado.

Medidas de referência

O círculo é a área interna delimitada pela circunferência. A aliança é uma circunferência. Se possuirmos o tamanho do diâmetro que desejamos (por meio das alianças da aneleira ou do pau de medida), poderemos encontrar o perímetro dessa circunferência por meio da fórmula:

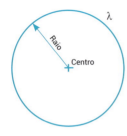

Comprimento = 2 π r

π = 3,14

2 x raio = diâmetro

Assim, pode-se usar a seguinte fórmula:

C = diâmetro do anel X π

Quando a espessura do metal for mais grossa, deve-se acrescentá-la ao diâmetro.

C = (diâmetro do anel + espessura) X π

Outra fórmula simplificada.

C = 40 + medida do aro do anel + espessura

Essa fórmula é aplicada em espessuras mais finas.

É importante lembrar que trabalhamos sempre em milímetros.

Na página a seguir, apresentamos uma tabela com o tamanho do aro do anel e suas respectivas medidas de diâmetro interno.

É fundamental prestar a atenção, pois é possível que algumas aneleiras e paus de medida tenham medidas diferentes.

❖ Calculado o comprimento, determinar a largura da aliança.

❖ Se a aliança for confeccionada em um fio, ele deve ser preparado no laminador e fieiras já com a largura e espessura desejadas.

❖ Ao cortar a aliança em uma chapa, primeiro deve-se deixar um lado dela bem reto. Para isso, utiliza-se um taz de referência.

❖ Com um paquímetro ou compasso de ourives, transferir a medida da largura e comprimento para a placa ou fio de metal, riscando-a.

Tamanho do aro do anel	Medida do diâmetro interno (mm)
07	14,96
08	15,28
09	15,60
10	15,92
11	16,23
12	16,55
13	16,87
14	17,19
15	17,51
16	17,83
17	18,14
18	18,46
19	18,78
20	19,10
21	19,42
22	19,74
23	20,05
24	20,37
25	20,69
26	21,01
27	21,33
28	21,65
29	21,96
30	22,28
31	22,60
32	22,92
33	23,24
34	23,55
35	23,87
36	24,19

❖ Com o metal marcado nas dimensões desejadas, começar a serrar.

❖ Depois de serrado, o metal deve ser limado para dei-xá-lo no esquadro.
❖ Recozer o metal para deixá-lo mais maleável.

❖ Com o auxílio de um alicate chato/meia-cana ou do próprio tribulet, começar a modelar a aliança.

❖ Depois do metal virado, colocar as extremidades paralelas e com contato. Para isso, utilizar uma lima chata.
❖ É possível facilitar esse trabalho achatando as extremidades.

❖ O uso da serra nessa junção auxilia o alinhamento.
❖ O alinhamento deve estar perfeito para o bom acabamento da aliança.
❖ É importante que as extremidades estejam bem juntas. Então, verifica-se contra a luz para ver se ela não passa.

Unir totalmente as extremidades do aro

Alinhamento correto

Alinhamentos errados

❖ Depois da aliança bem alinhada, soldar.
❖ É possível amarrar um fio de ferro para ajudar a dar pressão, mantendo as extremidades bem unidas.
❖ Cortar um pedaço de solda (alto ponto de fusão).
❖ Passar o fluxo na solda no local a ser soldado.
❖ Com o maçarico de gás ou oxigênio/gás, fazer uma bolinha de solda. Pode-se também colocar um pedaço de solda.

❖ Primeiro, deve-se aquecer a peça toda; depois, colocar a solda na junção.

❖ Quando a peça atinge a temperatura da solda, ela derrete e "corre", soldando.

❖ Depois de a peça ter sido soldada, colocá-la no ácido sulfúrico ou no sal branqueador para decapar. Retirar o fio de ferro antes de colocar a peça no ácido.

❖ Após a decapagem, mergulhar a peça em uma solução de água com bicarbonato para neutralizar.

❖ Com a peça bem seca, modelar no tribulet para deixá-la bem redonda.

❖ Com uma lima chata e uma lima meia-cana, começar a tirar o excesso da solda, dentro e fora da aliança.

Exemplos de joias em que se utiliza essa técnica

❖ Com limas finas e as lixas, iniciar o processo de acabamento da peça.

❖ As lixas podem ser usadas nas talas de madeira ou no motor de chicote. Para superfícies planas, é aconselhável o uso da lixa sobre o taz.

❖ Depois de passar todas as lixas, começar os processos de polimento e brilho.

❖ É possível fabricar alianças maiores em sua parte superior e menores em sua parte inferior. Nesses casos, utilizam-se as medidas do comprimento como referência no meio da aliança, colocando as larguras maiores e menores como no desenho a seguir.

Exemplo: comprimento = 60 mm

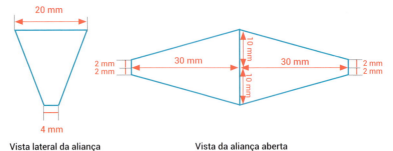

Vista lateral da aliança   Vista da aliança aberta

Trabalho com serras e limas – vazado e aplicação

Com essas técnicas, pode-se criar peças vazadas, aplicar detalhes de placas, fios ou recortes vazados, formando altos e baixos-relevos.

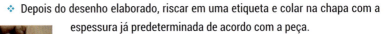

❖ Depois do desenho elaborado, riscar em uma etiqueta e colar na chapa com a espessura já predeterminada de acordo com a peça.

❖ Começar o trabalho de serra.

❖ Quando se trabalha com uma peça vazada, deve-se primeiro serrar a parte interna. Assim há mais espaço para segurar a chapa.

❖ Para vazar um desenho, primeiro deve-se furar a peça no local do vazado. É importante marcar o local do furo com um mandril manual e depois furar com a broca espiral no motor de chicote.

❖ Introduzir a serra no orifício e começar a serrar.

❖ Para desenhos mais minuciosos, utilizar serras mais finas.
❖ Depois dos vazados prontos, serrar o restante do molde.

❖ Serrar também a parte que servirá de base.
❖ Com o auxílio das limas pequenas, dar acabamento no recorte.

❖ Antes de aplicar a peça, é importante deixar a base já bem acabada. Para isso, todas as lixas são passadas.
❖ A parte a ser aplicada também deve passar por um pré-acabamento, o que simplifica o acabamento final.
❖ Tanto a peça a ser aplicada como a base devem estar planas, facilitando a solda. Para isso, recozer o metal e, com um martelo de madeira, bater na chapa sobre um taz.

❖ Colocar a solda na peça que será aplicada. Cortar pequenos pedaços de soldas e, depois de colocado o fluxo tanto no metal como na solda, distribuir sobre a peça.

❖ Aquecer a peça e, quando a solda estiver correndo, com o auxílio de uma ponta ou arame, distribuir a solda por toda a peça formando uma camada de solda.

❖ É importante lembrar que excesso de solda pode atrapalhar na hora da aplicação.

A seguir, colocar o fluxo na peça de base e, com uma pinça, colocar a peça a ser aplicada no lugar desejado. Aquecer a peça de novo, principalmente a base. Quando atingir a temperatura, a solda que está derretida na aplicação se une à base.

❖ Depois de soldada, colocar no ácido para decapar e, em seguida, na água com bicarbonato para neutralizar.

❖ Com a peça bem seca, começar o processo de acabamento com lixas.

❖ Dependendo da peça a ser feita, soldar os pinos, elos, contra elos, ganchos etc. para finalizar a joia.

❖ Para finalizar, a peça deve ir para polimento e brilho.

Pode-se utilizar essa técnica em vários tipos de joias: anéis, pendentes, brincos, alianças, broches.

Exemplos de joias em que se utiliza essa técnica

Meia bola, bola e pastilhas

Essas técnicas permitem criar peças no formato de bola, meia bola e pastilha com o seu interior oco, que podem ser utilizadas como brincos, anéis, pendentes, braceletes etc.

MEIA BOLA

❖ Para confeccionar uma meia bola, recortar um círculo em uma chapa. Esse círculo pode ser serrado ou feito por meio do cortador de discos.

❖ A espessura da chapa vai variar de acordo com o metal utilizado (lembrar sempre que a prata é mais macia que o ouro) e do tipo de peça que será feita, considerando que a meia bola fica oca. No caso de brinco, deve-se usar uma chapa mais fina (aproximadamente 0,60 mm/0,70 mm) para a peça ficar mais leve. Nos anéis, o ideal é uma chapa um pouco mais grossa (0,80 mm/0,90 mm).

❖ O tamanho do círculo deve ser maior que o tamanho da meia bola desejada, pois ele diminui, depois de embutido.

❖ Quando se trabalha com a meia bola para a fabricação de brincos, deve-se cortar dois círculos idênticos. Para facilitar esse trabalho, esses círculos podem ser serrados e limados ao mesmo tempo utilizando duas placas coladas.

❖ Depois dos círculos cortados e limados, recozê-los para começar a embutir.

❖ Colocar o círculo de metal na cavidade do mesmo tamanho no dado de bola e, com um embutidor correspondente, começar a embutir. Deve-se usar um martelo para esse processo.

❖ Embutir até o tamanho desejado, sempre lembrando que, com o trabalho, o metal vai endurecendo. Para evitar que surjam nele fraturas e estresse, deve-se sempre recozê-lo.

❖ Ao atingir o tamanho desejado, deve-se nivelar a meia bola lixando-a sobre o taz com lixa grossa (150 ou 240).

ATENÇÃO

Toda peça oca precisa ter uma saída de ar, pois o ar dentro da peça fica mais quente e pode estourar quando dado calor. Para isso, antes de soldar, deve ser feito um furo em um lugar que não interfira na peça e, posteriormente, fechá-lo com a última solda.

❖ Depois da meia bola bem reta, colocar um fundo fechando-a, ou aplicá-la em uma superfície.

a) Quando a meia bola for aplicada, derreter primeiro a solda na borda, para depois aplicar na superfície bem plana e já lixada. Esse método facilita o acabamento evitando excesso de solda.

❖ Aquecer toda a peça, principalmente a base, até a solda correr.

b) Quando a meia bola for apenas fechada na parte de trás, colocá-la em cima de uma placa bem plana. Para deixar a placa plana, basta recozê-la e, com um martelo de madeira em cima de um taz, bater até ficar bem reta.

❖ Essa placa deve ser serrada um pouco maior que o diâmetro da meia bola. Pode-se trabalhar com uma chapa fina, diminuindo assim o peso final. Não esquecer de furar.

❖ Passar o fluxo na solda e na base a ser soldada e distribuir as soldas (de alto ponto de fusão) sobre a placa, ao redor da meia bola. Utilizar palhões ou bolinhas de solda.

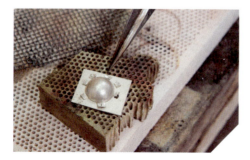

❖ Soldar o fundo, sempre lembrando de aquecer toda a peça por igual.

Depois da peça soldada, colocar primeiro numa solução de água com bicarbonato, e depois colocar no ácido para decapar. Esse método ajuda a diluir o ácido que entra no interior da peça através do furo.

❖ Após retirar do ácido, a peça é colocada novamente na água com bicarbonato.

❖ Para não trabalhar com a peça oca vazando água, deve-se retirar o líquido que fica em seu interior aquecendo um pouco com o maçarico. Deixar esfriar normalmente. Esse processo é muito importante, pois a água danificaria as ferramentas.
❖ Quando necessário, serrar o excesso de prata ao redor da meia bola.

Exemplos de joias em que se utiliza essa técnica

❖ Por fim, chega-se ao processo de acabamento com limas, para tirar o excesso do metal, e lixas.

BOLA E PASTILHA

❖ Para fazer uma bola ou uma pastilha, devem ser serrados dois círculos idênticos ou utilizar o cortador.

❖ Com a intenção de os dois círculos ficarem idênticos, pode-se colar duas chapas antes de serrar e/ou limar.

❖ Esses círculos também devem ser maiores que o tamanho desejado.

❖ Depois de serrados, limar os dois círculos juntos.

❖ O processo de embutir é igual ao da meia bola.

❖ Com o intuito de confeccionar uma pastilha, basta embutir as duas metades até o tamanho desejado.

❖ Para confeccionar uma bola perfeita, embutir cada metade, até que sua altura seja o diâmetro da bola dividido por dois.

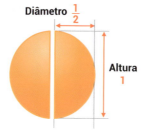

Diâmetro $\frac{1}{2}$

Altura
1

❖ A fim de obter uma bola perfeita, embutir batendo nas laterais.

❖ Depois de as metades da bola ou pastilha estarem embutidas, deve-se lixá-las sobre o taz para deixar sua base reta.

❖ Antes de soldar a bola ou pastilha, deve-se furá-la ou abrir um pequeno orifício na borda com o auxílio de uma lima pequena triangular e redonda.

❖ Primeiro, derreter a solda de alto ponto de fusão em toda a borda de uma das metades.

❖ Em seguida, passar o fluxo para solda nas duas metades e amarrar com um fio de ferro.

❖ Aquecer toda a peça até a solda correr.

❖ Colocar a peça para decapar em ácido, lembrando sempre de antes mergulhar em uma solução de água com bicarbonato, para só depois colocar no ácido.
❖ Cuidado para não mergulhar a peça no ácido com o fio de ferro.
❖ Depois da peça neutralizada, aquecer para tirar a água do interior.

❖ Deixar esfriar naturalmente e começar o processo de acabamento com as limas e lixas.

Exemplos de joias em que se utiliza essa técnica

Elos

É possível com essas técnicas confeccionar elos de correntes e articulações (elos e contraelos).

❖ Para isso, deve-se sempre ter um gabarito ou bitola, que servirá de molde. Esses gabaritos podem ser de latão, aço e madeira com diâmetros diversos.

❖ Os moldes devem ser envolvidos por um papel fino, como papel de seda ou manteiga, para facilitar a retirada dos elos.

❖ Com um fio bem recozido, enrolar em cima do gabarito desejado. Prender o gabarito e o fio em um torno para facilitar o processo.

- ❖ Quando utilizar um fio quadrado, deve-se ter cuidado para não torcê-lo.
- ❖ Depois do fio enrolado, retirá-lo do molde. Para facilitar, queimar o papel colocado anteriormente e assim obter uma "mola".

- ❖ Com uma serra fina e a mola bem apoiada, começar a serrar os elos.
- ❖ É importante o uso da serra nesta etapa para conseguir cortar os elos corretamente. O uso de alicates de corte ou tesouras deixam pontas nas extremidades.

- ❖ Com o auxílio de dois alicates retos e o movimento de vaivém, unir as pontas do elo para soldar.

- ❖ Cortar uma solda pequena, para facilitar o acabamento.
- ❖ Fazer pequenas bolinhas de solda, aquecer primeiro o elo e, em seguida, colocar a bolinha na junção. Não esquecer de colocar o fluxo na solda e no elo.

- Depois de soldado, colocar no ácido para decapar e na água com bicarbonato para neutralizar.
- Pronto o elo, pode-se utilizá-lo para a confecção de correntes ou em articulações (elos e contraelos).
- A espessura do fio usado para fazer o elo depende da função que ele terá.
- Para detalhes e articulações, utilizar fios mais finos e delicados.
- Também é possível fazer uso do alicate redondo para confeccionar poucos elos; porém, é bom lembrar que o alicate possui uma forma cônica.

Exemplos de joias em que se utiliza essa técnica

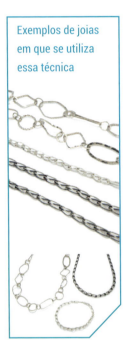

ATENÇÃO

Muito cuidado com o polimento de correntes. Nunca utilizar as correntes soltas na politriz, já que elas podem enrolar no eixo da máquina e machucar o usuário, além de danificar o trabalho. Uma dica é envolver as correntes em uma tala de madeira e segurar sempre com muita firmeza, ou efetuar o polimento usando um tamboreador (rola-rola).

Existe, no mercado, uma ferramenta própria para fazer elos e cortá--los, mas ela tem um custo alto.

Quando se trabalha na confecção de pulseiras e colares, é possível confeccionar elos diversos: redondos, ovais, quadrados, formas livres, que podem ser martelados e achatados.

Existem técnicas variadas para se montar uma corrente.

Virolas para cravação inglesa

Virola é um aro metálico que envolve a pedra. Sua função é fixar as pedras de uma joia.

Na confecção de uma virola para a cravação inglesa, deve-se utilizar uma fita ou chapa.

A largura e espessura dessa fita dependem do tamanho e lapidação da pedra e do tipo de virola a ser feito.

Ela deve ser confeccionada de acordo com a pedra a ser usada e o desenho da joia.

Existem, no mercado, gemas de lapidações variadas: redondas, ovais, gotas, navette, triangulares, quadradas, retangulares, octogonais e lapidações livres. Elas podem ter a base reta (cabochão) ou serem lapidadas com facetas.

VIROLAS PARA PEDRA CABOCHÃO

❖ Calcular a altura da pedra para determinar a largura da fita. Uma fita muito larga vai esconder a pedra depois de cravada, e uma fita muito fina não vai conseguir prender a pedra.

Abóbada

Base

A espessura da fita também vai depender do tamanho da pedra. Fitas muito finas dificultam a cravação.

❖ O comprimento da fita é calculado de acordo com a pedra. Quando se trabalha com pedras redondas e ovais, pode-se utilizar como medida de referência as seguintes fórmulas.

PEDRA REDONDA: C= (diâmetro da pedra + espessura da fita) x π

PEDRA OVAL: C= [(diâmetro maior + diâmetro menor) + espessura da fita] x π

$$\frac{}{2}$$

Nas formas ovais, essa medida pode apresentar diferenças dependendo do tipo de formato oval da pedra.

❖ Com a fita preparada nas medidas adequadas e recozida, modelar a virola envolvendo a fita ao redor da pedra. Se necessário, utilizar um tribulet com perfil igual ao da pedra.

❖ Se a pedra possuir uma forma irregular, envolver a fita recozida ao redor da pedra com cuidado para modelar bem a forma. Acertar então o tamanho e serrar.

❖ Depois de modelada a fita, soldar com uma solda de alto ponto de fusão, que deve ser feita sempre por fora da fita. Não esquecer de passar o fluxo para soldar.

❖ Depois de soldada, colocar no ácido para decapar e limpar o fluxo e, em seguida, na água com bicarbonato para neutralizar.

❖ Com a fita soldada, conferir se ela está adequada à pedra. É importante lembrar que a pedra vai entrar por cima da fita.

❖ Sobre um taz, lixar a virola deixando-a bem reta e colocar uma chapa para fazer o fundo. A chapa deve estar bem plana; para isso, deve-se recozê-la e martelá--la sobre um taz.

❖ Tomar cuidado para que tanto a chapa do fundo como a virola estejam bem retas, facilitando o contato entre elas. Qualquer vão é indesejável, pois pode comprometer o trabalho final. Se precisar, utilize um fio de ferro para dar pressão.

❖ Soldar com uma solda de médio ponto de fusão, colocando pequenos palhões ou bolinhas de solda por fora da virola.

❖ Começar utilizando uma chama sem ar, chama boba, para que os palhões não voem. Depois, aquecer toda a peça até a solda correr.

❖ Depois de soldada, colocar no ácido para decapar e na água com bicarbonato para neutralizar. Não esquecer de retirar o fio de ferro.
❖ Por fim, serrar o excesso de metal, limar e lixar.
❖ O fundo da virola pode ser todo fechado ou vazado, se a pedra a ser utilizada precisar de luz ou se quiser deixar a peça mais leve. Para isso, riscar o fundo marcando o tamanho da borda, furar e serrar.

❖ Caso a virola seja aplicada em uma peça maior, a solda deve ser colocada por dentro dela ou derretida na própria fita da virola, facilitando assim o acabamento da peça.

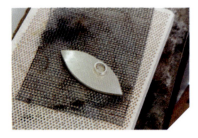 

VIROLAS PARA PEDRA LAPIDADA COM FACETAS • Esse tipo de virola, quando não possui base reta, não pode ter fundo.

❖ Para confeccionar a fita que será usada para a virola, devemos medir a altura da pedra a partir de seu rondízio, de forma a determinar a largura da fita.

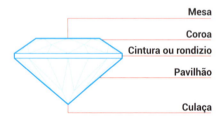

Mesa
Coroa
Cintura ou rondizio
Pavilhão
Culaça

É importante lembrar que, na cravação, a pedra "desce" um pouco. A ponta da gema não deve ultrapassar a virola, principalmente quando utilizada em anéis.

❖ Sua espessura dependerá também do tamanho da pedra. Espessuras muito finas dificultam a cravação.

❖ As virolas para esse tipo de lapidação podem ser feitas com técnicas diferentes.

1) Utilizando as mesmas medidas de referências descritas anteriormente ou envolvendo a fita ao redor da pedra. Nesse caso, a virola deve ficar um pouco menor que a pedra, ou seja, a pedra não deve entrar totalmente na virola. Depois da peça pronta, o cravador vai desbastar a parte superior do interior da virola para acomodar a gema.

Também se utiliza o tribulet para auxiliar na confecção das virolas.

❖ Depois da virola modelada, soldar com solda forte e dar acabamento com limas finas e lixas.

2) Pode-se, também, envolver a virola ao redor da pedra. Dessa forma, a pedra ficará totalmente dentro da virola. Soldar com solda de alto ponto de fusão.

❖ Na parte interna da virola, colocar uma fita ou fio criando uma trave ou cama para que a pedra não passe direto.

❖ Essa fita deve ser modelada e soldada separadamente, também com solda de alto ponto de fusão.

❖ Depois das duas partes preparadas, encaixar uma dentro da outra.

❖ A seguir, soldar as duas partes com uma solda de médio ponto de fusão. Não esquecer do fluxo para solda.

❖ Muita atenção, pois essa trave deve estar totalmente nivelada; caso contrário, a pedra ficará torta quando cravada.

❖ Dar acabamento com limas finas e lixas.

3) Outra maneira de confeccionar essas virolas é modelando a virola já afunilada, ou seja, maior em cima e menor embaixo. Para isso, deve-se serrar a placa de acordo com o desenho específico.

❖ Existe uma técnica para fazer o desenho do chatão. É importante calcular a altura da pedra, seu diâmetro ou lados, e desenhar de acordo com o formato dela.

❖ Usar as seguintes fórmulas como medidas de referências para fazer o chatão. É importante lembrar que as medidas servem apenas de referência.

PEDRA REDONDA: $\dfrac{\text{(diâmetro da pedra + espessura do metal) x } \pi}{3}$

PEDRA OVAL E GOTA:

$$\dfrac{\left\{\left(\dfrac{\text{diâmetro maior + diâmetro menor}}{2}\right) + \text{espessura do metal}\right\} \times \pi}{3}$$

PEDRAS QUADRADAS E RETANGULARES: Nesses casos, devem ser usadas as medidas dos quatro lados, acrescentando uma margem de segurança de meio milímetro.

❖ Quando se trabalha com pedras que tenham cantos vivos (quadradas, triangulares, retangulares), deve-se marcar o local da dobra com o arco de serra e fazer um vinco com o auxílio da lima triangular ou quadrada.

❖ Depois de calculado e desenhado, serrar em uma placa e limar.

❖ Para modelar a virola, é preciso recozer.

Com o auxílio de um alicate chato/meia-cana, começar a modelar o chatão.

❖ Soldar, com solda de alto ponto de fusão.

❖ Utilizar uma chatoneira para finalizar a modelagem do chatão.

❖ Experimentar a pedra para conferir o tamanho.

❖ Dar acabamento com limas e lixas.

❖ Quando a cravação for meia-inglesa, a virola possui um recorte na lateral.

Garras

Quando se trabalha com garras ou grifas (fios que prendem a pedra), deve-se fazer também uma virola que servirá de base para a pedra assentar. Por essa razão, a virola deve ser menor que a pedra.

Existem modelos diferentes para a confecção de virolas com garras. É possível utilizar uma ou mais fitas ou fios para fazer essa estrutura. Ela pode ter formato quadrado, retangular ou redondo.

O tamanho, o formato da pedra e o desenho da joia determinam o modelo e a espessura dessa estrutura e o tipo de garra a ser feito. A altura da pedra não deve ultrapassar essa estrutura, principalmente em caso de anéis.

❖ As virolas devem ser soldadas com uma solda de alto ponto de fusão.

❖ Depois das virolas modeladas e soldadas, deve-se fazer um pré-acabamento com limas finas e lixas, para depois soldar as garras.

❖ As garras podem ser feitas com fios redondos, quadrados ou fitas, e o local das garras vai depender da lapidação e formato da pedra.

❖ Essas garras são soldadas na estrutura da virola uma a uma ou em conjunto (aranha).

❖ É importante marcar o local das garras fazendo um pequeno sulco para que o fio tenha uma acomodação melhor.

❖ Se as garras forem soldadas nas quinas das virolas (pedras quadras, retangulares e octogonais), esses cantos devem ser limados para se ter maior contato.

❖ Para soldar a garra na estrutura, pode-se derreter um pequeno pedaço de solda na garra e depois soldar na estrutura da virola. Sempre que for soldar, utilizar o fluxo para solda.

❖ Depois das garras soldadas, cortar os excessos e limar.
Pode-se trabalhar também com garras duplas.

VIROLA COM GARRAS PARA PEDRA COM FORMATO EM GOTA

VIROLA COM GARRAS PARA PEDRA COM FORMATO OCTOGONAL

 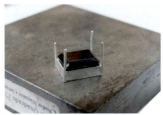

VIROLA COM GARRAS PARA PEDRA COM FORMATO OVAL

VIROLA DE ESTRUTURA DUPLA COM GARRAS PARA PEDRA COM FORMATO REDONDO

Exemplos de joias em que se utiliza essa técnica

Peça com bata

Chama-se bata um fio que pode ser quadrado, retangular ou meia-cana utilizado para dar altura e acabamento à peça.

Para trabalhar com bata, primeiro deve-se modelar o desenho da peça no fio.

❖ Depois de modelado e soldado (sempre com solda de alto ponto de fusão), deve-se serrar uma chapa com dimensões maiores que a bata. Essa chapa será soldada à bata. A espessura da chapa pode ser fina, porém, se houver cravação sobre a chapa, ela deve estar de acordo com a cravação.

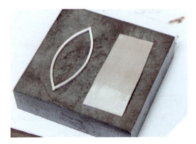

❖ Se a chapa for texturada, reticulada ou martelada, essa textura deve ser feita antes de soldar a bata, pois, dependendo da textura, a chapa sofre deformação.

❖ Pode-se utilizar essa bata para baixo ou para cima da chapa, de acordo com o desenho da joia.

❖ A bata e a chapa devem estar lixadas e bem planas para soldar uma na outra.

❖ Soldar utilizando uma solda de médio ponto de fusão, sempre por fora da bata. Não esquecer de passar o fluxo na solda e no local a ser soldado.

❖ Depois de soldado, basta serrar o excesso de metal, limar, lixar e polir.

❖ Essa técnica é muito utilizada para a fabricação de anéis, braceletes, bases de brinco, pendentes etc.

Exemplo de peças que utilizam o recurso da bata:

ANEL ABERTO DE BATA

❖ Com o fio escolhido, modelar o desenho do anel nas medidas adequadas ao dedo. Como o anel fica aberto, deve-se considerar essa abertura.

❖ Soldar esse fio com solda de alto ponto de fusão. Depois da peça soldada, lixar sobre o taz para deixá-la plana.

❖ Serrar uma chapa um pouco maior que a peça em fio.

❖ Depois, deixar a chapa bem plana e já lixada.

❖ Colocar a bata sobre a chapa e distribuir as soldas de médio ponto de fusão ao redor dela.

❖ A bata e a chapa devem estar bem planas para que haja um contato satisfatório. Se precisar, amarrar com o fio de ferro dando pressão e soldar.

❖ Lembrar sempre que, depois de soldada, a peça deve ser colocada no ácido para decapar e na água com bicarbonato para neutralizar.

❖ Serrar o excesso de metal, limar e lixar.

❖ Dar um pré-acabamento e virar o anel no tribulet redondo.

❖ Dar acabamento final e polir.

Com essa técnica, é possível fazer modelos bem variados.

BRACELETE ESCRAVA • Utiliza-se a mesma técnica do anel de bata para fazer essa joia.

❖ Deve-se medir o punho do usuário e modelar o bracelete respeitando esse tamanho. Lembrar sempre que o bracelete ficará aberto.

❖ Por possuir muito metal, o bracelete demora mais para esquentar e soldar. Se necessário, aumentar o bico do maçarico e não esquecer de distribuir o calor por igual.

❖ Depois da bata soldada, cortar e limar o excesso de metal.

❖ Dar o acabamento necessário e modelar em um tribulet próprio para bracelete, que pode ser redondo ou oval, de acordo com o projeto da peça.

BASE DE BRINCO

❖ Modelar a forma da base do brinco com o fio e soldar com solda de alto ponto de fusão.

❖ Lixar a bata sobre um taz e soldar com solda de médio ponto de fusão sobre uma chapa plana. Recortar o excesso e dar acabamento.

❖ Marcar o local do pino e soldá-lo.

ANEL SATURNO (ANEL QUE GIRA) • Esse tipo de anel possui duas batas nas extremidades, um forro e uma ou mais alianças, que ficam soltas e rodam no meio. Ele é confeccionado em várias etapas.

1) Forro:

❖ Deve ser recortado em uma chapa fina (0,40 mm/0,50 mm dependendo do metal a ser utilizado), nas medidas certas do aro do dedo.

❖ O forro deve ter uma largura um pouco maior que o anel final, para facilitar a soldagem.

largura do forro = largura final do anel + ou − 4 mm

❖ Soldar o forro com uma solda de alto ponto de fusão. É importante soldar esse forro por dentro, evitando o excesso de solda na parte de cima do forro.

❖ Colocar a peça no ácido para decapar, tirar o fluxo e depois neutralizar.

❖ Dar um pré-acabamento tirando o excesso de solda.

❖ Com o forro pronto, medir seu diâmetro externo.

2) Batas:

❖ Normalmente feitas de fio de perfil quadrado, retangular ou meia-cana, com a largura desejada.

comprimento do fio = (diâmetro externo do forro + espessura do metal da bata) x π

❖ A largura da bata vai depender do desenho do anel.

❖ Modelar as duas alianças e soldá-las utilizando solda forte. Colocar a peça no ácido para decapar e tirar o fluxo. Neutralizar depois.

❖ Dar um pré-acabamento tirando os excessos de solda.

3) Aliança que gira:

❖ Confeccionada de maneira livre, utilizando fios ou chapas.

❖ É importante que possua uma espessura mínima de 0,80 mm/0,90 mm para não ficar fina demais e amassar no final. A largura depende do desenho da joia.

❖ Pode-se colocar uma ou mais alianças soltas.

❖ O comprimento para cortar essa aliança é:

comprimento = (diâmetro externo do forro + espessura do metal da bata) x π, acrescentando mais 1 mm para ela poder rodar sobre o forro

❖ Modelar e soldar a aliança com uma solda de alto ponto de fusão, que deve ser feita por fora da aliança.

❖ Colocar a peça no ácido para decapar e tirar o fluxo. Neutralizar depois.

❖ Dar um pré-acabamento tirando todo o excesso de solda.

4) Montagem:

❖ Com todas as partes soldadas, começar a montar o anel.

❖ Pegar a primeira bata e colocar no forro. Essa bata deve entrar bem justa.

❖ Soldar utilizando solda de médio ponto de fusão por fora e ao redor de todo o anel. Não esquecer do fluxo da solda.

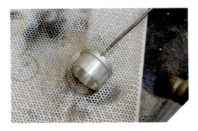

* Colocar no ácido para decapar e retirar o fluxo. Depois, neutralizar na água com bicarbonato.
* Colocar a aliança que gira, que deve entrar com folga, e, em seguida, colocar a segunda bata, que também deve entrar justa evitando vãos entre a bata e o forro. Cuidado para não apertar demais, dificultando que a aliança do meio gire.
* Colocar pequenas bolinhas de solda de baixo ponto de fusão e soldar.

* Depois da peça toda soldada, começar a retirar o excesso de metal com serra e limas.

Exemplos de joias em que se utiliza essa técnica

* Dar o acabamento final com lixas e polimento.

Charneira

Trata-se de um tubo oco feito de metal, muito utilizado para a fabricação de argolas, pulseiras e dobradiças. Ela pode, porém, ser usada de formas diversas.

Para confeccionar uma charneira de perfil redondo, precisa-se de uma chapa. Sua espessura e largura vão depender da função da charneira na joia.

A largura definirá o diâmetro da charneira; para isso, basta multiplicar o diâmetro que se quer por π.

Fórmula: **L = diâmetro da charneira x π**

Quando se utiliza a charneira para cravar uma pedra, sua largura é obtida a partir da fórmula:

L = (diâmetro da pedra + espessura da chapa) x π

❖ Com a largura definida, riscar o metal com o auxílio do compasso de ourives ou paquímetro.

❖ Serrar a chapa e limar suas laterais, deixando-as bem paralelas. Esse procedimento é fundamental para que a "costura" da charneira fique perfeita.

❖ Fazer uma ponta em uma das extremidades da chapa para facilitar e, posteriormente, puxar a charneira na fieira.

❖ Recozer o metal e começar a fazer uma "calha" em um dado de ranhura, com a ajuda de um gabarito e um martelo.

❖ Fechar aos poucos essa charneira, sempre utilizando gabaritos. É importante recozer o metal sempre que necessário.

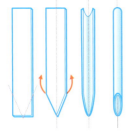  

❖ Depois, recozer a charneira e lubrificar com cera de abelha. Deixar esfriar normalmente.

❖ Em uma fieira própria para charneira e com o auxílio de um alicate de pressão,
puxá-la até seu fechamento total e o tamanho desejado.

❖ Depois de pronta, a charneira pode ser soldada e utilizada para vários fins.

Exemplo de joia em que se utiliza essa técnica

Dobradiça

É um tipo de articulação usada na ourivesaria onde se utiliza uma charneira.

Para usar esse tipo de articulação, é preciso confeccionar uma peça que possua uma espessura adequada para receber a dobradiça. Ela pode ser feita com bata, fios, virolas, peças ocas ou
chapas de espessuras mais grossas.

❖ Com as partes da peça a serem articuladas já prontas e acabadas, medir o
tamanho da dobradiça.

❖ Transferir essa medida para a charneira e marcar esse tamanho dividido em três partes.

❖ Com uma serra bem fina, serrar para fazer uma janela na medida do meio. É importante lembrar que essa janela deve ser aberta no lado da costura da charneira, pois, quando ela for soldada, se fechará.

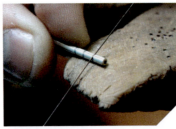 

❖ Soldar essa parte da charneira em uma das peças, com o vão da janela para dentro. A fim de facilitar, pode-se amarrar com o fio de ferro. Não esquecer de passar o fluxo para solda.

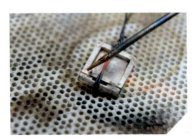 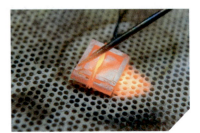

❖ Depois de soldada, colocar no ácido para decapar e na água com bicarbonato para neutralizar.

❖ Com a charneira soldada, serrar a sobra.

❖ Medir o espaço do vão, marcar em outro pedaço da charneira e serrar. Pode-se utilizar o cortador de charneira.

❖ Soldar esse pequeno pedaço na outra parte da peça. Verificar o local para que a peça não fique torta. Lembrar de soldar sempre na costura da charneira, para evitar que ela abra quando for rebitada.

❖ Depois de soldada, colocar no ácido para decapar e na água com bicarbonato para neutralizar.

❖ Verificar o encaixe da dobradiça. Se for preciso, limar para melhorar esse encaixe.

❖ Com uma fresa bola adequada ao diâmetro da charneira, fazer uma "cama" ou um chanfrado nas extremidades da charneira.

❖ Cortar um fio redondo, aproximadamente 1 mm maior que o comprimento da dobradiça, e colocar dentro da charneira.

Exemplos de joias em que se utiliza essa técnica

❖ Com o auxílio de um martelo de ferro, começar a rebitar o fio dos dois lados em cima de um taz.

❖ Depois de rebitado, utilizar limas finas e borracha para dar o acabamento.

Peças ocas

Existem técnicas variadas para se confeccionar esse tipo de peça. Com essas técnicas, os modelos apresentam aparência robusta, porém ficam leves. As peças ocas devem ser bem planejadas antes que se comece a sua confecção. Para cada projeto, existem caminhos diferentes a serem seguidos, que facilitam sua execução.

ANÉIS OCOS • Há modelos variados de anéis ocos. Cada modelo é fabricado de uma maneira específica.

A) ANEL OCO TIPO MÓDULO

❖ Primeiro, modelar em uma fita uma aliança com a medida exata do dedo. Soldar utilizando solda de alto ponto de fusão.

❖ Fazer um furo nessa aliança que servirá de saída de ar.

❖ Com outra fita da mesma largura, modelar o anel seguindo o desenho. Soldar também fazendo uso de solda forte.

❖ Soldar as duas partes entre si.

❖ Lixar os dois lados sobre um taz para deixar a superfície plana.

❖ Serrar uma chapa e soldar em um dos lados do anel. Se precisar, utilizar um fio de ferro para dar pressão. É importante que esse contato seja perfeito, evitando problemas e falhas no acabamento.

❖ Utilizar solda de médio ponto de fusão distribuída ao redor de toda a peça.

❖ Depois de soldada a primeira placa, serrar o excesso de chapa do meio da aliança e ao redor do anel.

❖ Soldar uma placa do outro lado utilizando o mesmo procedimento. Usar também uma solda de médio ponto de fusão.

❖ Depois da peça soldada, colocá-la primeiro na água com bicarbonato e só depois no ácido.

❖ A seguir, neutralizar em água com bicarbonato, aquecer para retirar todo o líquido.

❖ Serrar os excessos e começar a limar toda a peça.

❖ Para maior firmeza, prender a peça em um morceto.

Exemplos de joias em que se utiliza essa técnica

❖ Lixar e dar o acabamento final.

B) ANEL FORRADO (CHEVALIER OU BOMBE) • São anéis que se tornam ocos quando forrados. Cada modelo possui uma técnica específica de fabricação.

❖ Primeiro, deve-se recortar o anel nas medidas e formas adequadas.

❖ Em seguida, modelar de acordo com a técnica.

❖ Para os dois casos, fazer um forro com a medida desejada em uma chapa fina.

❖ Soldar o forro e o anel utilizando uma solda de alto ponto de fusão.

Bombe

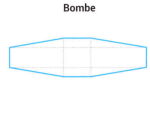

Chevalier

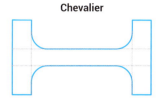

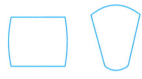

COLOCANDO O FORRO NO ANEL

❖ Depois do anel pronto, colocar um forro já soldado em seu interior. Esse forro deve ter a medida exata do dedo e sempre com larguras maiores que o anel. É importante que o forro possua um furo para saída de ar.

❖ Colocar o forro dentro do anel verificando sempre o contato.

❖ Não podem existir vãos entre o anel e o forro.

❖ Soldar utilizando solda de médio ponto de fusão ao redor de todo o anel. Não esquecer de colocar o fluxo nas soldas e na peça a ser soldada.

❖ Colocar a peça para decapar, lembrando que, por ser uma peça oca, sempre se deve mergulhar antes numa solução de água com bicarbonato, depois no ácido e novamente na água.

❖ Retirar o líquido da peça aquecendo-a e depois deixá-la esfriar naturalmente.

 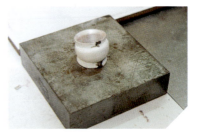

❖ Serrar o excesso de chapa, limar e lixar.

Exemplos de joias em que se utiliza essa técnica

MÓDULOS OCOS • A maneira de fazer um módulo é bem parecida com a do anel oco.

❖ Com uma fita ou chapa recortada, modelar o desenho da peça.

❖ Se a peça for vazada, modelar também o desenho do vazado com a mesma largura de fita ou chapa.

❖ Soldar essas partes com solda de alto ponto de fusão.

❖ Depois de lixar sobre o taz, para deixar as peças bem planas, colocá-las sobre uma chapa também plana. Se for preciso, amarrar com fio de ferro, dando maior pressão.

❖ O contato das partes é fundamental para um bom resultado.

❖ Distribuir as soldas médias por fora e soldar.

❖ Depois de decapar, cortar o excesso de chapa. Se a peça tiver um vazado, furar e serrar nesse local, antes de colocar a segunda chapa.

- ❖ Como a peça é oca, deve-se fazer um furo para a saída de ar. Escolher o local mais adequado para efetuar esse furo.
- ❖ Colocar do outro lado uma chapa, também bem plana. Amarrar com fio de ferro e soldar utilizando solda média.
- ❖ Depois de soldada, devemos primeiro mergulhar a peça em uma solução de água com bicarbonato, para depois colocar no ácido ou sal branqueador. Esse procedimento é importante, pois, quando mergulhamos a peça no ácido, ela já estará com água e bicarbonato, evitando que o ácido fique em seu interior.
- ❖ Depois de decapar, mergulhar novamente na água com bicarbonato.
- ❖ Aquecer a peça para tirar toda a água de seu interior.
- ❖ Serrar novamente o excesso de prata.
- ❖ Limar, lixar e dar o acabamento completo.

OUTROS MODELOS • Peças ocas também podem ser confeccionadas a partir de chapas embutidas, cinzeladas e dobradas. Nesses casos, é importante sempre o contato das partes a serem soldadas e o uso certo das soldas.

Previamente, é fundamental efetuar um projeto da peça, pois isso facilita o trabalho.

Bolas, meia bola, pastilhas, cubos, também são peças ocas.

Exemplos de joias em que se utiliza essa técnica

Modelagem em cera

Consiste na criação de peças a partir de blocos, tubos ou placas de cera, que posteriormente serão fundidos em metal. A seguir, serão abordadas técnicas para confecção de aliança simples, anel bombe, anel quadrado, anel redondo com pedra e uma escultura.

Aliança simples

❖ Escolher um tubo de cera próprio para aliança.

❖ Com uma lima chata, limar as extremidades do tubo até ficarem no esquadro. Verificar o esquadro com a ajuda de um transferidor (medidor de ângulo) ou esquadro de ourives.

❖ Usando um compasso próprio para ourives, fazer o risco da largura desejada para a aliança; cortar o tubo a uma distância de aproximadamente 1 mm da linha marcada com uma serra própria ou um cortador de cera.

❖ Com uma lima chata, desbastar o excesso de cera até tocar na linha riscada.

❖ Utilizar uma aneleira ou um pau de medida para verificar o tamanho do aro desejado. Com um tribulet raspador, colocar o anel na medida desejada. Utilizar o tribulet sempre dos dois lados da aliança evitando que ela fique torta. Conferir a medida usando um pau de medida.

❖ Estabelecer a espessura da aliança e, com um compasso, riscar essa medida utilizando como referência a circunferência interna do anel.

❖ Retirar o excesso de cera serrando ou limando até a linha de referência.

❖ Se a aliança for reta, dar o acabamento com uma lima fina ou lixa; se for arredondada (meia-cana), abaular os cantos com a ajuda de uma lima e uma lixa.

❖ Se a aliança possuir texturas ou vazados, eles devem ser feitos antes de começar a desbastar o interior da peça.

❖ As texturas podem ser feitas retirando cera (baixo-relevo) com a ajuda de fresas, limas e espátulas, ou acrescentando cera (alto-relevo) com o uso de pirógrafos, canetas próprias, ferro de solda ou pistolas.

❖ Depois da aliança modelada externamente, começar a "tirar peso", ou seja, retirar o excesso de cera de seu interior.

❖ Com o compasso, traçar uma linha em cada lateral interna da aliança. Essa linha servirá de referência para modelar a bata.

❖ Com o auxílio de uma fresa bola do tamanho adequado, retirar o excesso de cera cavando até a linha marcada da bata.

❖ Verificar a espessura através da luz ou com o uso de um especímetro, cuja medida sempre será exata.

❖ Por fim, dar o acabamento final com limas, lixas finas e manta abrasiva. Pode ser usado também um algodão com benzina ou aquecer na lamparina para realçar o brilho.

Peça pronta em cera

Peça fundida no metal

Anel quadrado/retangular

❖ Escolher um tubo de cera adequado para anéis.
❖ Colocar a extremidade do tubo no esquadro antes de começar as marcações.
❖ Com um compasso, fazer um risco suave marcando a largura desejada do anel (largura da mesa do anel) e cortar o tubo com a serra ou o cortador com pelo menos 1 mm de distância da marca feita.

❖ Com uma lima chata, desbastar o excesso de cera até tocar na marca feita anteriormente e colocar o anel na medida do aro desejado utilizando o tribulet raspador.

❖ Estabelecer a altura do anel, tendo como referência a abertura para a entrada do dedo.
❖ Marcar o ponto da altura e, com um compasso apoiado na parte superior da cera, fazer um risco suave da altura da mesa do anel. Esse risco deve ser feito em toda a volta do anel.

❖ Cortar o excedente com uma serra ou limar até tocar na linha riscada. Essa linha é importante, pois nivela a parte superior do anel.

❖ Limar deixando a superfície lisa.

❖ A seguir, encontrar o centro da mesa do anel utilizando duas linhas em forma de cruz. Essas linhas formarão um eixo (vertical e horizontal) que servirá de referência para as medidas de largura e comprimento. Para fazer esse risco, apoiar o compasso nas laterais do anel.

❖ Essas linhas servirão de referência para riscar o tamanho do quadrado ou retângulo desejado. Se o anel for quadrado, colocar o compasso no centro do eixo e girá-lo a partir da medida da lateral (eixo vertical) até tocar na linha do comprimento (eixo horizontal).

❖ Com o compasso fixado na parte externa da mesa do anel, traçar um risco suave sobre o ponto marcado, formando um quadrado.
❖ Se o anel for retangular, determinar o comprimento (eixo horizontal) e marcar a partir do centro.
❖ Em seguida, abrir o compasso na espessura desejada e riscar o anel acompanhando a circunferência da entrada do dedo.

❖ Fazer uma linha a partir da marca riscada na mesa do anel (a marca do quadrado ou retangular) até tangenciar a circunferência riscada.

❖ Retirar todo o excesso de cera com serra e lima.

❖ A seguir, achar uma linha central que contorne as laterais do anel, dividindo essa lateral ao meio. Marcar essa linha com o compasso. Ela servirá de referência para a marcação da medida inferior do anel.

❖ Estabelecer a medida na parte inferior do anel, que deve ser marcada a partir da linha central já riscada, rebatendo para os dois lados.

❖ Marcar a linha da mesa para preservar o tamanho do quadrado marcado anteriormente.

❖ Com uma ponta-seca, traçar esse ponto até a mesa do anel formando uma inclinação. Fazer esse risco dos dois lados do anel.

❖ Com uma lima, desbastar a lateral até a linha riscada fazendo a inclinação. Cuidar para que o ângulo fique idêntico dos dois lados; caso contrário, o anel ficará torto.

❖ É importante que essa limada não deforme o quadrado da mesa já determinado.

❖ Na parte interna do anel, marcar as linhas da bata (normalmente 1 mm).

❖ Começar a desbastar com uma fresa bola redonda e fresas espigas e retas.

❖ Se o anel possuir em sua mesa um trabalho de alto ou baixo-relevo, texturas ou vazados, esse processo deve ser feito antes de começar a desbastar seu interior.

❖ Caso o anel possua partes vazadas, fazer um furo com a broca espiral e, com uma serra bem fina, cortar os vazados desejados.

❖ Para facilitar o desbaste, podemos cortar o anel com um bisturi.

❖ Controlar sempre a espessura verificando a transparência através da luz ou medindo com o especímetro.

❖ Depois da peça desbastada, soldar novamente as partes do anel.

❖ Por fim, dar o acabamento final com limas, lixas finas e manta abrasiva. Pode ser usado também um algodão com benzina ou aquecer na lamparina para realçar o brilho.

Peça pronta em cera   *Peça fundida no metal*

OBSERVAÇÃO: É possível também vazar todo o anel primeiro e depois soldar uma tampa. Para esse procedimento, com o anel ainda maciço, marca-se em sua mesa uma espessura de aproximadamente 1 mm, delimitando uma borda como se fosse uma moldura. Depois, desbasta-se todo o anel com o auxílio de fresas (bola e espiga) e espátulas. Posteriormente, é soldada, com ferro de solda ou pirógrafo, uma tampa já serrada nas medidas certas.

Anel redondo com pedra

❖ Na confecção de um anel redondo, deve-se começar com o mesmo procedimento do anel quadrado: marcar sua medida lateral, cortar o bloco e colocar o anel na medida do aro.

❖ Para marcar a altura da mesa, é preciso medir a altura da pedra. Com a altura marcada, serrar e nivelar a mesa do anel.

❖ Achar o ponto central da mesa do anel. Esse ponto servirá para ajudar a colocar a pedra centralizada.

❖ Medir a pedra e marcar com uma ponta-seca a forma da pedra. É possível também utilizar um gabarito redondo ou um compasso para fazer essa marcação.

❖ A partir do ponto central, traçar o risco da virola com aproximadamente 1 mm.

❖ Com uma fresa, desbastar o local da pedra, que deverá ficar perfeitamente encaixada em seu local.

❖ É importante deixar uma borda interna (degrau) na altura desejada, que servirá de apoio para a pedra. Tomar cuidado para que essa altura seja suficiente para a cravação da pedra.

❖ Ao utilizar uma pedra que necessite de luz, ou para deixar o anel mais leve, sua base deve ser vazada, deixando apenas uma borda de cerca de 1,5 mm.

❖ Marcar a espessura do anel tendo como referência a entrada do dedo. Utilizar um compasso e apoiá-lo na circunferência interna.

❖ Traçar uma linha para limitar a largura da mesa partindo da circunferência riscada (circunferência da virola) e marcar outra linha até tangenciar a circunferência na lateral.

❖ Retirar o excesso de cera limando ou serrando.

❖ Marcar uma linha central no anel para servir de referência para a medida da parte inferior dele (igual ao anel quadrado).

❖ Estabelecer a medida na parte inferior do anel, que deve ser marcada a partir da linha central já riscada, rebatendo para os dois lados. Riscar com uma ponta-seca fazendo a inclinação até a mesa do anel.

❖ Não esquecer de demarcar a linha da mesa para preservar seu tamanho.

❖ Começar a limar tomando cuidado com o ângulo e a marca da mesa.

❖ Com o anel nas medidas certas, nivelado e a pedra com o encaixe perfeito, começar a arredondar na parte externa. Nesse processo, utilizar limas e lixas.

❖ Tomar cuidado para não diminuir a espessura da virola traçada anteriormente.
❖ Depois do anel modelado, dar um pré-acabamento, marcar a linha da bata no interior do anel e começar a desbastar. Para facilitar o desbaste, cortar o anel com o bisturi.

❖ Por fim, dar o acabamento final.

Peça em cera   *Peça fundida em metal*

Anel bombe

❖ Para modelar um anel bombe, começar da mesma maneira que o anel quadrado, colocando o tubo no esquadro, marcando a largura do anel e serrando o tubo.

❖ Em seguida, limar o excesso e colocar o anel na medida do aro com o tribulet raspador.

❖ Marcar sua altura, serrar o excesso e limar.

❖ Com o anel nas medidas certas e bem nivelado, achar seu centro. Essa marcação deve ficar bem visível, pois servirá de referência. Com o auxílio de um compasso ou uma ponta-seca, marcar bem o ponto central.

❖ Utilizando o compasso, marcar a linha de espessura. A circunferência da entrada do dedo servirá de apoio para o compasso. A marca dessa espessura pode ser de aproximadamente 2 mm a 3 mm.

❖ A seguir, traçar uma circunferência de maneira a interligar as linhas da lateral do anel, fazendo um semicírculo na parte superior. Para esse processo, utilizar um gabarito de círculos ou o compasso. O tamanho da circunferência do anel pode variar de acordo com o desenho da peça.

❖ Ao utilizar um compasso, pode-se usar como recurso colocar um pedaço de cera que servirá de apoio.

❖ Com o anel marcado, retirar a parte externa excedente com serra e lima.

❖ Achar o centro da lateral do anel para marcar sua medida inferior (igual ao anel quadrado e redondo).

❖ Com a lima, desbastar dando a inclinação desejada.

❖ Com o auxílio de uma lima e de lixas, começar a arredondar toda a parte externa do anel.

❖ Depois de todo arredondado, dar um pré-acabamento, que deve ser feito antes de começar a desbastá-lo se o anel possuir vazados ou texturas.
❖ Riscar a medida da bata na parte interna do anel marcando a bata e desbastar com uma fresa, sempre verificando a espessura.

❖ Por fim, dar o acabamento final com limas, lixas finas e manta abrasiva. Pode ser usado também um algodão com benzina ou aquecer na lamparina para realçar o brilho.

Peça em cera

Peça fundida em metal

OBSERVAÇÃO: Ao modelar um anel que vai receber posteriormente uma pedra, as medidas, a lapidação da pedra e o tipo de cravação devem ser levados em conta. No processo da modelagem, é preciso tomar cuidado com a altura da mesa do anel em relação à pedra, bem como a espessura.

Esculturas

❖ Para fazer esculturas em cera, deve-se escolher a placa ou bloco mais adequado ao desenho e tamanho da peça.

❖ Com a peça desenhada em uma etiqueta, colar no bloco de cera. O desenho pode ser riscado diretamente na cera.

❖ Utilizando uma ponta-seca bem fina ou uma agulha, começar a pontilhar o desenho marcando a cera.

❖ Depois do desenho todo marcado, pode-se colocar um pouco de talco para realçá-lo.

❖ Com uma serra de ourives, serrar perto da linha marcada.

❖ Limar até o limite da linha.

❖ Marcar linha de referência.

❖ A escultura é modelada de acordo com o desenho. É possível utilizar as fresas, bisturi, limas e espátulas para retirada de metal, criando baixos-relevos.

FRESAS

LIMAS

ESPÁTULAS

❖ Quando necessário, usar como recurso o preenchimento de cera derretida, criando assim alto-relevo.

❖ Para pequenos detalhes, pode-se utilizar um buril ou espátula fina.

❖ Depois da peça totalmente esculpida, é possível tirar o peso do verso desbastando com fresas próprias. Nesse caso, também é importante marcar a linha da bata.

❖ O acabamento final pode ser feito com lixas finas, benzina ou lamparina.

Peça em cera

Peça fundida em metal

OBSERVAÇÃO: Se a peça for tridimensional e oca, deve-se dividi-la para desbastar. Peças ocas depois de modeladas são desbastadas e fundidas separadamente.

Exemplos de joias em que se utiliza essa técnica

Cravação

O objetivo desse conjunto de técnicas é fixar gemas em uma joia. Neste capítulo, abordaremos os seguintes tipos de cravação: cravação inglesa na virola, garras, pavê e carré com trilos, entre outras.

Cravação inglesa na virola

A) PEDRA CABOCHÃO

❖ Fixar a peça na goma e colocar a pedra na virola.

❖ Com o auxílio de um buril ou uma lima, desbastar a parte externa da virola.

❖ Utilizando um calcador, mover o metal até a pedra. Começar a calcar em quatro pontos, formando um "X", para prender a pedra evitando que ela fique torta.

❖ Com o martelete, colocar todo o metal sobre a pedra.

Calcador   Pedra

❖ Dar o acabamento na borda com uma lima fina e finalizar com uma borracha própria.

B) PEDRA LAPIDADA

❖ Colocar a peça na goma.

❖ Desbastar fazendo um sulco com uma fresa bola, adequada à parte interna da virola, até o rondízio da pedra ficar encaixado. Esse desbaste deve ser feito com cuidado para a pedra não ficar desnivelada.

❖ Desbastar a virola até a pedra assentar na "cama".

❖ Com um buril, desbastar a parte interna superior da virola até a pedra entrar.

❖ Assentar a pedra e verificar se ela não está torta. Com o martelete, mover todo o metal a seu redor.

❖ Com um buril, dar acabamento à parte interna.

❖ Dar acabamento com limas finas e borrachas.

Cravação com garras

❖ Depois de prender a peça na goma, assentar a pedra na virola. Se for preciso, chanfrar a parte interna da virola para melhor assentá-la.

❖ Marcar na garra a altura da pedra e, com uma fresa própria, desbastar. Tomar cuidado para que todas as marcas fiquem na mesma altura.

❖ Com um calcador ou alicate, empurrar as garras (ou grifas) sobre a pedra. Em seguida, cortar as garras no tamanho desejado.

❖ Utilizando uma fresa copo ou um perloir, dar acabamento na ponta da grifa.

❖ Abaixar as garras e dar acabamento com um disco de feltro ou borracha.

Cravação pavê

❖ Marcar os furos no local em que as pedras serão cravadas. Furar com uma broca espiral do tamanho aproximado ao da pedra.

❖ Com uma fresa bola de tamanho adequado à pedra, fazer uma cavidade até a pedra assentar no orifício. A mesa da pedra deve estar nivelada à chapa.

❖ Utilizando uma cera, colocar a pedra na cavidade e, com um calcador, dar pressão para fixar a pedra.

❖ Com um buril, levantar o granito no metal. Nesse processo, o metal se movimenta por baixo do granito e prende a pedra. Pode-se usar dois ou mais granitos.

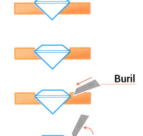

Buril

❖ Passar o buril de corte ao redor da cravação para dar acabamento.

❖ Depois, passar o perloir dando acabamento no granito.

OBSERVAÇÃO: Ao se cravar uma única pedra com granito, pode-se ornamentar com uma gravação ao redor da pedra usando o desenho de uma estrela, um quadrado, triângulo, gota etc.

Cravação no trilho ou carré

❖ Marcar uma linha na parte interna do trilho. A altura dessa linha dependerá do tamanho da pedra e seu rondízio. Com uma fresa própria, fazer um sulco no lugar marcado.

❖ Com um buril de corte, desbastar a parte interna superior do trilho até as pedras encaixarem. Colocar as pedras no trilho.

❖ Prender as pedras com o auxílio de um calcador.

❖ Com o martelete, mover o metal de maneira homogênea sobre as pedras.

❖ Dar acabamento com limas e borracha.

Outras técnicas para fixar a pedra nas joias

PÉROLAS E GEMAS REDONDAS (BOLAS)

Meio furo • Nesses casos, as gemas não são cravadas, mas sim coladas.

Quando a pérola ou gema possuir meio furo (apenas um furo), deve-se confeccionar uma meia bola adequada ao tamanho da gema, com um pino soldado no centro. Essa meia bola servirá de "cama" para apoio da pedra, que, ao final, será colada.

Para melhorar a aderência, é possível colocar esse fio em forma de espiral.

Em alguns casos, podemos colar a pérola apenas em um pino.

Exemplos de joias em que se utiliza essa técnica

Furo inteiro • Se a pérola ou gema possuir o furo inteiro, pode-se trabalhar de várias maneiras.

a) Com fios próprios (náilon ou algodão), é possível montar colares e pulseira.

Exemplos de joias em que se utiliza essa técnica

b) Uma técnica é passar o fio do metal desejado e fazer elos com ajuda de alicates, entrelaçando as pedras entre si.

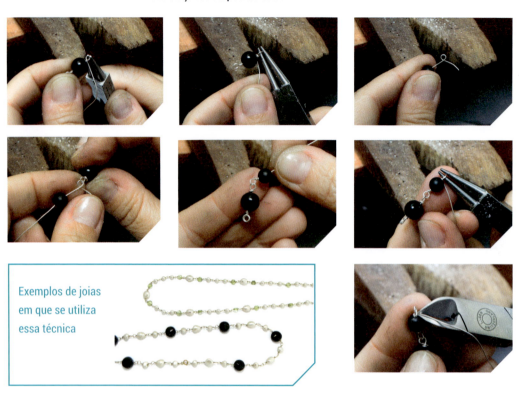

Exemplos de joias em que se utiliza essa técnica

c) Com os fios de metal, pode-se fazer alfinetes fundindo uma extremidade do fio. Os alfinetes são usados para as terminações.

Exemplos de joias em que se utiliza essa técnica

GEMAS DE FORMATOS DIVERSOS QUE APRESENTAM MEIO FURO NO TOPO

Existe uma variedade enorme de lapidações com o furo no topo, muito utilizadas em brincos.

Para prender essas gemas que possuem um furo no topo, devemos elaborar uma peça específica no formato adequado à lapidação da pedra, além de servir de acabamento. Essa peça deverá acomodar a pedra mantendo-a segura e protegida; ela também deve possuir um pino para dar mais firmeza quando a gema for colada. A criação dessas terminações deve estar em harmonia com o desenho da joia.

GEMAS DE FORMATOS DIVERSOS QUE APRESENTAM FURO NA LATERAL

Quando o furo da pedra estiver na lateral, o ideal é fazer um suporte triangular para prendê-la.

Esse suporte pode ser de fios de metal ou na chapa, dependendo do desenho da peça.

PEDRAS BRUTAS OU COM LAPIDAÇÕES DIFERENTES

Ao trabalharmos com pedras brutas ou de lapidações muito diferentes, devemos fazer um estudo da pedra e de sua dureza a fim de elaborar um modelo ideal para que ela fique bem apoiada e fixada.

Em alguns casos, é interessante criar o modelo em cera na intenção de acompanhar as linhas do desenho da gema.

Fios, fitas e garras também auxiliam muito em sua fixação.

Devemos sempre tomar muito cuidado com a fragilidade da pedra.

Exemplos de joias em que se utiliza essa técnica

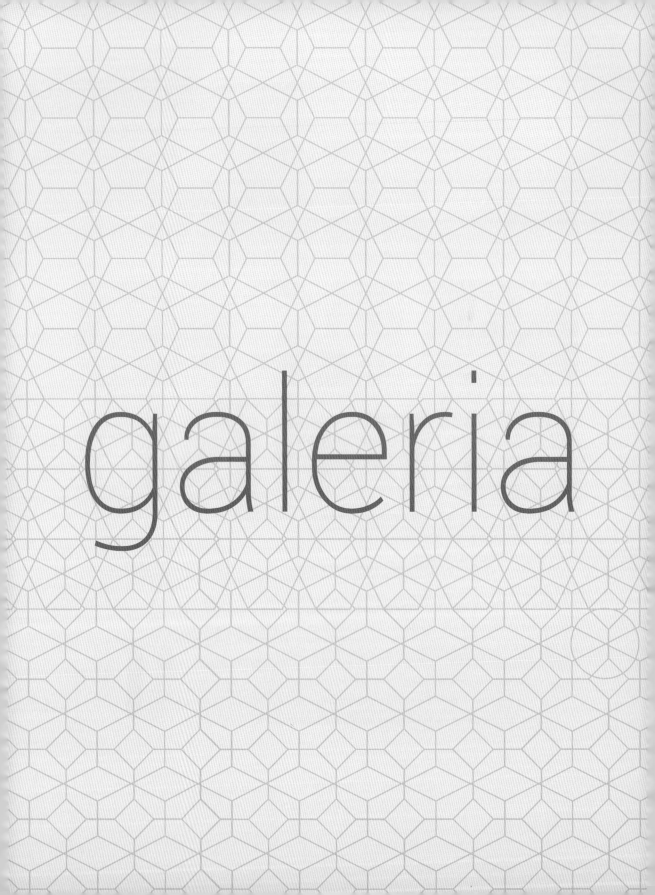

galeria

Esta galeria contém peças de artistas que são alunos, ex-alunos e professores que utilizaram processos e técnicas abordados ou citados neste livro e tem como objetivo ilustrar o resultado final do trabalho de confecção de joias autorais.

Rita Santos

Colar Pintura
em Prata 950 com
Turmalinas Verdes

Anel Luz
em Prata 950
com Turmalina
Melancia e
Zircônias

Bracelete Oceano
em Prata 950

Regina Costa

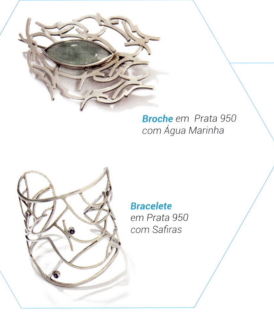

Broche em Prata 950
com Água Marinha

Bracelete
em Prata 950
com Safiras

Colar Folha
em Prata 950
com fio de couro

João Carlos

Anel Metamorfose
em Prata 950 com
Zircônias

Arthur Xaud

Pendente
Violão
em Prata 950

Thelma Maciel

Anel em Prata 950

Carolina Villela

Maxi Colar em
Prata 950 com Titânio

Pendente
em Prata 950
com Fios de Lã

Paula Mourão

Francisco Garcia

Anel em Ouro Amarelo 750
com Diamante

Pendente Borboleta
em Prata 950,
com Esmaltação e
Turmalinas

Pendente Arara
em Prata 950 com Esmaltação

Carmen Lombardi

Pendente Rosto
de Mulher
em Prata 950 com
Esmaltação

Marília Pessoa

Colar Fundo do Mar em
Prata 950 com Quartzo Dendrita

Cássio Orrico

Brinco em Prata 950
com Esmaltação, Safiras,
Topázios e Ródio Negro

Anel Multiplus
em Ouro 750 com
Pérolas e Diamantes

Vania Rufino

Vera Cunha

Colar em Prata 950

Patricia Balech

Anel em Ouro 750
com Quartzo Cristal

Vanessa Alcântara

Anel em Prata 950
com Ametista

Maria Lúcia (Milu) Assad

Bracelete em Prata 950,
com Peridotos e Banho
de Ouro Amarelo

Colar Desejo em Prata 950 com Granada

Paulianne Oliveira

Salette Santos

Pulseira Caminhos em Prata 950 com Turmalinas Verdes

Pendente em Prata 950 com Quartzo Rutilado e Citrinos

Zee Franca

Colar Folhas em
Prata 950 com
Quartzo Dendrita

Gilda D'Medeiros

Olívia Blanc

Braceletes em
Prata 950 com
Labradorita

André Barros (Pokan)

Presilha Flor do Deserto em Prata 950 com Turmalinas

Sandra Sena

Colar Folha em Prata 950

Pendente em Prata 950 com Madeira e Quartzo Fumê

Marcella Leite

Frederico Sobrinho

Bracelete Ísis em
Prata 950, Cobre e Granada

Amanda Newlands

Brinco *em Prata 950*

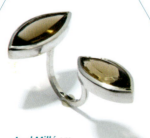

Fabiane Jardim

Anel Millá em
*Prata 950 com
Quartzo Fumê*

Glória Maravalhas

Anel Mandala
em Prata 950

Flávia Amoedo

Anel Gift e Brinco Gift
em Prata 950 Oxidado

Mara Rafaeli

Colar *em*
Prata 950 com
Drusa de Ametista

Angela Prendini

Pendente Folhas
em Prata 950
com Quartzo

Indiara Perrone

Brinco Cata-Vento em
Prata 950 com Pérola

Tania Cardoso

Anel em Prata 950 com
Quartzo Rutilado

Bracelete em Prata 950 com
Quartzo Green Gold Bicolor e
Green Gold

Nazareth Alvim

Heloísa Cyrillo

Anel em Prata 950
com Zircônias

Lu Karini

Anel em Prata 950

Alessandro Andrade

Colar em Prata 950 com
Banho de Ródio Negro

Julia Calazans

Anel em Prata 950
com Turmalina

Anéis em Prata 950
com Pintura em Tela

Mário Rodrigues

Márcia Magalhães

Brinco Água em Prata 950
com Labradorita

Marilene Conceição

Anel Emoções em Prata 950
com Banho de Ouro Amarelo
e Zircônias

Patricia Nemer

Anel Medieval em Prata
950 com Granada

Fernanda Manoel

Colar Espelho em
Prata 950 com
Quartzo Green Gold
Bicolor

Valéria Acioli

Anel em Prata 950
com Granada

Depoimentos de alguns artistas de profissões diversas, que são joalheiros autorais

"**O artista sente o metal,** que atrai as pedras, ele com o pincel de fogo faz a obra acontecer na liberdade da inspiração."

Fernanda Manoel

"**A joalheria é uma das mais tradicionais artes decorativas.** Investigar sua origem, pesquisar a ornamentação humana, é tatear (ou sondar) o passado, (ou os primórdios) do ser humano, é reconstruir um pedaço de sua história, rever seus costumes, suas tradições, suas crenças, seus conhecimentos tecnológicos. Desde sua mais remota aparição, o uso de metais nobres e pedras preciosas, cobiçados pela beleza e durabilidade, investidos de enorme simbolismo, sempre exerceram enorme fascínio sobre os homens.

A criação de uma joia é um processo trabalhoso e dependente de inúmeros profissionais. Além de designers e ourives, nada seria realizado sem o trabalho do lapidador, do gravador, do cravador e de outros importantes profissionais que contribuem, efetivamente, para tornar possível uma criação. Porém, o fantástico universo da joalheria não se restringe à produção industrial em grande escala, e nem mesmo em pequena escala, ambas desenvolvidas com metodologia de projeto de design como qualquer outro objeto. Ele vai além, abre espaço para a produção manual, artesanal, produzida com as técnicas tradicionais da ourivesaria.

A produção artesanal também pode ser designada como Joia de Autor ou Joia de Arte, porque possui um diferencial, é personalizada, marca o estilo próprio do designer/artista e leva sua assinatura."

Nazareth Alvim

"**Trabalhar com joalheria é um exercício constante** de criatividade. Harmonizar formas e volumes, escolher e explorar materiais e técnicas para alcançar resultados muitas vezes únicos."

Angela Prendini

"Na joalheria autoral podemos fazer todo tipo de joia. Das clássicas às contemporâneas. Das mais dispendiosas às mais simples. Com metais nobres ou materiais alternativos. Não existem limites para a criação de uma joia autoral. O que importa é o momento do artista. Quando comecei no mundo da joalheria não imaginava que me envolveria tão profundamente. Arrisco até dizer que virou um vício para mim, sem hora nem dia para criar. A palavra "joia" vem do latim, *jocalis*, que significa "o que dá prazer". É isso que sinto, um imenso prazer, em cada peça que faço."

Regina Costa

"As joias podem ser avaliadas por sua beleza e seu brilho, mas representam muito mais do que isso. São capazes de aprisionar olhares, cativar corações, arrancar suspiros de emoção e despertar sentimentos adormecidos.

Mas alguns homens e mulheres conseguem ver além do brilho das pedras, da sinuosidade das curvas e da ousadia dos relevos.

Gente assim é capaz de perceber o toque de um artista e desnudar sua alma. Admiram a arte que os movem e o sentimento que imprimem a sua obra, porque afinal de contas, a criatura nunca será maior do que o criador."

João Carlos

REFERÊNCIAS
JOIAS - fundamentos, processos e técnicas

CALLISTER JUNIOR, William D. **Materials science and engineering**: an introduction. [S.l.]: John Wiley & Sons, 2007.

CHEMICAL ELEMENTS.COM. 2012 [capturado em 1º jan. 2013]. Disponível: <http://www.chemicalelements.com/>.

CODINA, Carles. **A joalheria**. Lisboa: Estampa, 2000.

DNPM: Departamento Nacional de Produção Mineral. 2013 [capturado em 31 jul. 2013]. Disponível: <http://www.dnpm.gov.br/>.

FRANCISCO, Regina Helena Porto. **Elementos**. [S.l.:s.n., 20-- capturado em 26 out. 2012]. Disponível: <http://www.cdcc.sc.usp.br/elementos/>.

GILLETT'S JEWELLERS. [2012, capturado em 24 mar. 2013]. Disponível: <http://gilletts.com.au>.

HALL, Cally. **Pedras preciosas**. Rio de Janeiro: Ediouro, 1997.

HAN'S LASER. 2012 [capturado em 20 mar. 2013). Disponível: <http://www.hanslaserbr.com.br>.

HEARTJÓIA: workshops de joalharia experimental. 2013 [capturado em 1º jan. 2013]. Disponível: < http://heartjoia.com/> .

INSTITUTO BRASILEIRO DE GEMAS E METAIS PRECIOSOS. **Manual técnico de gemas**. Brasília, DF, 2001.

JÓIA E ARTE. 2012 [capturado em 23 out. 2012]. Disponível: <http://www.joia-e-arte.com.br>.

KLIAUGA, Andrea Madeira; FERRANTE, Mauricio. Metalurgia básica para ourives e designers: do metal à joia. São Paulo: E. Blucher, 2009. [capturado em 5 nov. 2012]. Disponível: <http://pt.scribd.com/doc/125956310/Metalurgia-Basica-para-Ourives-e-Designers>.

LEITE, Walter M. **Apostila iniciação a gemologia**. [S.l.: s.n., 20--]. Módulo 1.

LOMBARDI, Carmen. **Apostila esmaltação a fogo com maçarico**. São Paulo: Atelier Carmen Lombardi, [20--]. Apostila 1. Disponível: <http://www.carmenlombardi.com.br>.

MSPC: informações técnicas. 2012 [capturado em 26 out. 2012]. Disponível: <http://www.mspc.eng.br>.

NOVIDADES e resultados interessantes. [S.l.]: Mecânica e Termodinâmica da Fratura, 19 Sept. 2009 [capturado em 12 out. 2012]. Disponível: <http://www.mecanicadafratura.wordpress.com>.

OURODINHEIRO.COM.2012 [capturado em 26 out. 2012]. Disponível: <http://www.ourodinheiro. com>.

OURO & MODA. São Paulo: TV Shopping Brasil, [2012, capturado em 8 jan. 2013]. Disponível: <http://www.ouromoda.wordpress.com>.

PETER SUCHY JEWELERS. 2012 [capturado em 20 nov. 2012]. Disponível: <http://www. petersuchyjewelers.com>.

PORTAL JOIA.BR. 2000 [capturado em 26 out. 2012]. Disponível: <http://www.joiabr.com.br>.

PORTAL OURIVERSAL. 2012 [capturado em 27 out. 2012]. Disponível: <www.ouriversal.com.br>.

SALT LAKE METALS. 2012 [capturado em 1º jan. 2013]. Disponível: <http://www.saltlakemetals. com>.

SCHUMANN, Walter. **Gemas do mundo**. 9. ed. Rio de Janeiro: Ao Livro Técnico, 2002.

SOUZA, Brenno Ferreira. **Hidrometalurgia**: aula 18: metalurgia do ouro. [S.l.]: Ebah. 2009 [capturado em 10 jan. 2013]. Disponível: <http://www.ebah.com.br/content/ABAAAeyzwAD/ hidrometalurgia-aula-18-metalurgia-ouro>.

TABELA periódica online. 2011 [capturado em 26 out. 2012]. Disponível: <http://tabela.oxigenio. com/>.

TEXTOS técnicos. Curitiba: Joalheiro.net. 2012 [capturado em 22 out. 2012]. Disponível: <http:// www.joalheiros.net>.

UNTRACHT, Oppi. **Jewelry**: concepts and technology. [S.l.]: Double Day, 1985.

VIEIRA, Mariana Antunes. **Idade dos metais**. Rio de Janeiro: PUC-Rio. 2012 [capturado em 5 nov. 2012]. Disponível: <http://web.ccead.puc-rio.br/condigital/mvsl/linha%20tempo/Idade_Metais/ pdf_LT/LT_idade_dos_metais.pdf>.

Acesse o link e assista ao vídeo com diversos
processos para a confecção de joias.
https://youtu.be/_ulA1ftyAp8